古今圖書集成

神異典・神仙部（一）

第一輯 第25~28册

古今圖書集成神異典・神仙部

正編 第17種

（新編）古今圖書集成神異典・神仙部目錄

神異典第二百二十五卷……一二三

神仙部列傳二……一二三

神異典第二百二十六卷……一五三

神異典第二百二十七卷……一八五

神異典第二百二十八卷……二一五

神異典第二百二十九卷……二五三

神異典第二百三十卷……二九五

神異典第二百三十一卷……三一九

神仙部列傳十

神異典第二百三十四卷……四一九

神異典第二百三十五卷……四五三
神仙部列傳十二……四五三

神異典第二百三十七卷……五一五

神異典第二百三十八卷……五四三

神仙部列傳十五……五四三

神異典第二百三十九卷……五七五

神異典第二百四十卷……六二五

神異典第二百四十一卷……六五五

神異典第二百四十三卷……七二五

神異典第二百四十四卷……七六一

神仙部列傳二十二

神異典第二百四十八卷……九〇一

神異典第二百四十九卷

神仙部列傳二十六

神異典第二百五十卷……九六五

神異典第二百五十一卷……九九九

神仙部列傳二十八……九九九

唐十一……九九九

韋昉……一〇一二
胡德元……一〇一二
范志元……一〇一三
陳致虛……一〇一三
甘凝……一〇一三
聶師道……一〇一四
胡佯……一〇一七

五代

劉處士……一〇一七
鄭全福……一〇一七
曾文延……一〇一八
盧道者……一〇一八
任生……一〇一九
楊仙公……一〇一九
宋自然……一〇一九
張薦明……一〇二〇
煙蘿子……一〇二〇

神異典第二百五十二卷……一〇三一

神異典第二百五十三卷……一〇六七

神異典第二百五十四卷……一一〇五

神異典第二百五十五卷……一一四五

神異典第二百五十六卷……一一八三

神異典第二百五十八卷……一二四九

神仙部列傳三十五……一二四九

神異典第二百五十九卷……一二八三

神仙部列傳三十六……一二八三

神異典第二百六十卷……一三一七

神異典第二百六十一卷……一三五一

神仙部藝文一……一三五一

神異典第二百六十二卷……一三八七

神異典第二百六十三卷

神異典第二百六十四卷

神仙部藝文五 詩

神異典第二百六十五卷……一四八九

神異典第二百六十六卷…………………………一五二三

神異典第二百六十七卷……一五五三

神異典第二百六十八卷……一五八一

神異典第二百六十九卷……一六一三

神異典第二百七十卷

神仙部彙考一

眞靈位業圖

玉清三元宮　上第一中位

上合虛皇道君應號元始天尊

左位

五靈七明混生高上道君　東明高上虛皇道君　西華高上虛皇道君　北元高上虛皇道君　南朱高上虛皇道君　玉清上元宮四道君各有諱字　玉清中元宮紫清六道君各有諱字　玉清下元宮高清四元君各有諱字　玉清中散位一十君諱字不顯

右位

紫虛高上元皇道君　洞虛三元太明上皇道君　太素高虛上極紫黃道君　虛明紫蘭

中元高上停皇道君　三元上元老虛皇元晨君　三元四極上元虛皇元靈君　三元晨

中黃景虛皇元臺君　三元紫映揮神虛生主眞元胎君　玉元太皇君　上皇道君
玉皇道君　淸元道君　上皇天帝　玉天太一君　太上虛皇道君　太上玉眞保皇道君　元皇高眞　太一玉君　高上玉帝　右玉淸境元始天尊爲主已下道君皆得策命學道號令羣眞太微天帝來受事竝不與下界相關自九宮已上上淸已下高眞仙官皆得朝宴焉

第二中位

上淸高聖太上玉晨元皇大道君爲萬道之主

左位

左聖紫晨太微天帝道君　左聖南極南嶽眞人左仙公太虛眞人赤松子黃老君弟子裴君師　左輔後聖上宰西域西極眞人總眞君姓王諱遠字方平紫陽君弟子司命茅君師　紫淸太素高虛洞曜道君　太虛上晉飛晨中央道君赤松　太微東霞扶桑丹林大帝上道君　後聖太師太微左眞保皇道君　紫明太微九道高元玉晨道君　紫元太微八素三元元晨道君　九微太眞玉保王

金闕上相大司命高晨師東海王清華小童君　領九宮上相長里先生薛君周時得道許長史前緣兄也
太微右眞公領九宮上相希林眞人燕君從小有天君受王君替代　司命東嶽上眞卿太元眞人茅君大茅君諱
盈字叔申　左卿仙候眞君許君諱穆南嶽夫人弟子東晉爲護軍長史退居句曲山　侍帝晨清蓋眞人郭君名世幹　紫
陽左眞人周君義山　清靈眞人裴君漢右扶風人漢時得道　靈飛太眞太上夫人　侍帝晨東華上
佐司命楊君　協晨大夫石叔門　正一羽晨候公楊子明　元洲主仙道君太上公子姓勤
主闕奏仙名　經命仙伯太保眞人　八元仙伯右仙公谷君　正一左元執蓋郎鄧偉元
繡衣使者孟六奇　太素宮官保禁仙郎裴文堅　左楊王　華仲戒　繡衣使者西林
藻　右嬪之姬趙約羅　三天左宮直御史管長條　逸域宮　八景城　七靈臺
鳳臺瓊闕　金晨華闕
右位
右聖金闕帝晨後聖元元道君壬辰運當下生　右輔侍帝晨領五嶽司命右弼桐柏眞人金庭宮王君
諱晉靈王太子下教　右輔小有洞天太素清虛眞人四司三元右保公王君諱褒魏夫人師下教矣　侍帝晨右

仙公許君長史子諱翽　元洲仙都太上丈人治元洲紫桂宮元洲之主矣　太保王郎李君名飛　侍帝晨觀

大夫九宮太傅玉晨郎　北臺弟子中侯仙人姓范諱邈字度世曾名冰漢桓帝侍郎撰魏夫人傳

女眞位

紫微元靈白玉龜臺九靈元眞元君　紫虛元君領上眞司命南嶽魏夫人諱華存字賢安小有王君弟子楊君師

八靈道母西嶽蔣夫人　北海六微元清夫人　上眞東宮衛夫人　北漢七靈石夫人

紫清上宮九華眞妃姓安晉朝降于茅山　紫虛左宮郭夫人　太極中華石夫人　太眞王夫人

滄浪雲林右英王夫人　朱陵北絕臺上嬪管妃　方丈臺昭靈李夫人　北嶽上眞山夫人　瓊華夫人　三元馮夫人　右華九成范夫人　紫微左宮王夫人諱清娥字愈音阿母第二十六女也　長陵杜夫人　太微元清左夫人　右陽王華仲飛姬　西華靈妃甄幽蘭　後聖上保南極元君紫元夫人　後聖上傅太素元君　東華玉妃淳文期青童之妹　東宮中候王夫人桐柏眞人別生妹　太和上眞左夫人　西漢夫人　華山夫人　玉清神女房素

西王母侍女王上華　董雙成　石公子　婉絕青　地成君　郭密香　干若賓

李方明　張靈子　太帝宮官　靈林玉女　賈屈庭　金闕宮官　太保侯范法

安　經命仙伯巫叔平　東華宮玉女烟景珠　上元夫人侍女宋辟非　主仙道君侍

女范運華　趙嶮珠　王抱一　華敬滌　李伯益　鮮于靈金　太和殿　宴

陽殿　蘂珠闕　七映房　長錦樓

第三中位

太極金闕帝君姓李　壬辰下教太平主

左位

太極左眞人中央黃老君　太極左眞人紫陽左仙公中華公子　太極左卿黃觀子　無

上眞人文始先生尹喜　朱火丹靈宮龔仲陽幼陽兄弟二人受道于青童君　東陽眞人陵陽子明

中元老人中央上元子　北極眞人安期生　北極老子元上仙皇　清和天帝君　南

極老人丹陵上眞　青精先生太宛北谷子　元和陰陵上帝　太極高仙伯延蓋公子

元洲仙伯　太極左仙公葛元吳時下演靈寶下爲地仙　西極老人素靈子期　五老上眞仙都老公

撰靈書紫文　東極老人扶陽公子　太極左宮北谷先生　三天都護王長　趙昇　太極上眞公孔丘　晨明侍郎三天司眞顏回　元圃眞人軒轅黃帝　元帝顓頊黃帝孫受靈寶五符　王子帝嚳黃帝曾孫受靈寶五符　帝舜服九轉神丹入于夢九嶷山而得道矣　柏成子高湯時退耕修步綱之道　夏禹受鍾山眞人靈寶九跡法治水有功　周穆王至崑崙見西王母　帝堯　風后黃帝師出四扇者　西歸子未顯　蒲衣莊子云猶是被衣矣　丰東子未顯　支離　被衣　王倪　齧缺　巢父　許由　卞隨　華封　北人　子州　善卷　馬皇　宏公姓陶乘赤龍矣　大項名託

右位

太極右眞人西梁子文　太極右眞人安度明　元洲仙都絳文期　紫陽眞人范明期　欒絕眞人裴元仁　太元仙女西靈子都　司馬季主受西靈子都劍解之道　太極仙侯張奉　洞臺清虛七眞人　西嶽卿副司命季鄈仲甫左元放師　八老元仙　正一上元玉郎王中　鮑丘　南陵玉女　陽谷眞人領西歸傅淳于太元　戎山眞人右仙公范伯慈　陸渾眞人太極監西郭幼度　中黃四司大夫領北海公涓子蘇君師矣　太極法師徐來勒吳時天台山傳葛仙

公法輪經　邯鄲張君　庚桑子　蕭史　太上元一三眞（吳時降天台山傳葛仙公靈寶經）　劉京

元洲上卿太極中侯大夫蘇君（名林字子元涓子弟子周君師）　弄玉　二女　長桑公子（莊子師）　韋編

郎莊周　秦佚　接輿　伯昏　郄閭　老聃

第四中位

太清太上老君（爲太清道主下臨萬民）　上皇太上無上太道君

左位

正一眞人三天法師張陵（諱道陵）　東華左仙卿白石生　張叔茂　元始天王（西王母之師）　元

成青天上皇（此三人太清爵位不領兆民）　南上太道君　太上丈人　天帝君　九老仙都君

九氣大人（此並太清三天東宮之眞官章奏關啓學道所得）　中嶽眞人高丘子　景雲眞人　鬼谷先生　秦

清王　九天郎吏　北斗眞符七人　定氣眞人　監仙眞人　五仙夫人　郭內

夫人　二十四官君將吏　千二百官君將吏（二條氣化結成）　趙伯元　劉子先　臧延甫

張子房　甯仲君　燕昭王　茅初成　少室山伯北臺郎千壽　赤松子　大梁

眞人魏顯仁　華山仙伯秦叔隱　萬衍眞人周季通　太和眞人山世遠　句曲眞人
定錄右禁師茅君（諱固字季偉爲地眞）　稀家眞人右禁郎王道盜　大清右公李抱祖　蓬萊左公
宋晨生　蓬萊右公賈保安　潛山眞仙趙祖陽　九疑仙侯張上貴　蓬萊左卿姜叔
茂　周大賓　毛伯道　劉道恭（二人王屋山得道）　東方朔　馬明生　彭鏗（西入流沙）
鳳綱韓終　墨翟（宋大夫水解矣）　樂子長　李明（雷平山合丹也）　商山四皓　淮南八公　青
烏公黃山君　甯封子　方明　力牧　昌宇　莊伯微（漢時人）

右位

太清仙王趙車子　太清仙王李元容　小有仙王鄧離子　五嶽司西門叔度　中央
眞人宋德元　中嶽仙卿衍門子　中嶽眞人孟子卓　西嶽眞人馮延壽　南嶽眞人
傅先生　青城眞人洪崖先生　九疑眞人韓偉遠　岷山眞人陰友宗　司命太元定
錄紫臺四眞人　中嶽眞人王仲甫　北陵丈人　太元丈人　北上丈人　南上丈
人　太氣丈人　益命丈人　飛眞丈人　九道丈人　示安丈人　百福丈人

百千神氣丈人　登天上錄玉女四人　上天玉女三人　三天玉女百人　青腰玉女官十人　下等玉女　北宮玉女　五帝玉女　太素玉女　天素玉女　白素玉女　平天玉女　六戊玉女　青天益命玉女　神丹玉女　九流玉女自登天上錄玉女以下號十五玉女　高上將軍　衡山使者　上天力士　天丁力士以上四人有姓名各領天兵十萬號四將軍　飛天使者　六天使者　九天眞王使者　高仙啟天使者　游天使者　太清使者　六乙使者　九丙使者　六丁使者　六壬使者　六癸使者以上十五使者自然之神　東方靈威仰　南方赤熛弩　西方曜魄寶　北方隱侯局　中央含樞紐此太清五帝自然之神　五嶽君五百年而一替　河侯　河伯此三條是得之人道所補　西嶽丈人　三天玉童　洛水神女此三條亦是學道人所補　飛天丈人　太一中黃　元上玉童　猛獸先生此自然之神主天下鬼神禽獸　趙昇期在王屋山　陰長生　劉偉道漢時人　郭崇子殷人　郭聲子洛市卜中　周君　徐季道鵠鳴山　鹿皮公　仇季子　司錄君　張巨君　郭芍藥　趙愛兒　王曾連此三人女眞　救苦眞人尹軌　司危　司厄　司命　八威　徐福　帛和　華子期　鮑察

欒巴　葛洪隱羅浮山　左東元上王　四天官王　昌命天王　佐命君王　飛眞

虎王　九都去死王　四海陰王　太一元君　上虛君　摩㾐上元君　七星瑤

光君　三元萬福君　夜光夫人　和適夫人

第五中位

九宮尙書姓張名奉字公先河內人先爲河北河命禁保侯今爲太極仙侯兼領北職位在太極矣

左位

左相淸虛眞人從小有洞天王受王眞人替已度上淸　·左仙公郭四朝兼玉臺執蓋郎　左仙公王遙甫赤君弟子齊獻公時

人　辛彥雲赤君弟子隨師下降

散位未受其職

朱陵嬪丁叔英　管城子尹虔子師　蘇門先生　周壽陵　孟德然鄭景女師　宋君

李法成鄭廣信師　鄧元伯　王元甫霍山人　尹虔子華山人　張石生爲東源伯　李方回三人並晉

時服术　張禮正衡山漢末服黃精　治明期衡山人　鄭景世廬江潛山

右位

右相己度上禰　右保召公奭從羅南明公受此位　右保司展上公　右眞公郭少金　協晨夫人黃

畢華黃瓊之女　文德右仙監張叔隱　眞人岀君章

散位

張重華晉初服胡麻　平仲卿括蒼山受僊境　趙廣信魏末小白朮　廣公生海中猳山　朱孺子赤水山

黃盧子西嶽公姓葛禁氣召龍　孫田廣一名登　糜長生周大賓弟子　許肇先在羅酆都爲職東明公右司農　許副

字仲先修大洞眞經

第六中位

右禁郎定錄眞君中茅君治華陽洞天

左位

三官保命小茅君　三官大理都李豐　三官大理守王附子　術中侯不顯名字　白水仙

都朱交甫　北河司命保禁侯桃俊　左理中監韓崇如大府長史左如司馬　九宮協晨夫人

文解地上主者　鮑靚南海太守　岱宗神侯領羅酆右禁司鮑元節

地仙散位

許虎牙名聯字文暉受楊君守一之道　王眞上黨人也　孟君京兆人也　魯女生在中嶽此三人受行三一眞一　左元放孟仲甫弟子在小括山

九疑山女眞羅郁今在湘東山　杜陵夫人　宜安宋姬此二人並受西梁眞人青精方而不書位號未委何仙且在地眞之列

許邁字叔元小名映改名遠游東華署爲地仙矣　翁道遠　姜伯眞猛山學道采藥二人映之儔侶　郭聲子

黃子陽一云魏夫人食桃皮師二人葛元常相隨矣　葛元字孝先丹陽句曲人稚川之從祖也初在長山乘虎使鬼無處不至位在太極宮　鄭思遠即葛元弟子晉永昌元年入括蒼山

戴孟本姓燕名濟字仲微裴君弟子　謝允歷陽人戴孟弟子晉成帝時得道　施存一號婉盆子孔子弟子三千人數得道

劉奉林周時人服黃連　張兆期費長房之師　周君二人俱識素書七卷得道　雷氏周氏養龍　姜叔

田公劉安之裴君時冀州別駕　赤須班即黃初起也　范安遠　賈元道　李叔勝　言成生

傅道流五人並隸司命主察試學道者在太山　眞人樊子明　龍威丈人　劉少翁華山人　梁伯鸞

樊大夫　吳睦長安少爲縣吏　朱㹠陳留人昔作劫盜　郭端潁川人少孤爲縣吏　范伯慈桂陽人少曾邪病　鮑叔陽　王養伯　段季叔　劉偉惠四人師西靈子都　宋元德嵩高山　李東　童初府

蕭閑宮并男眞　易遷宮八十三人　含眞臺共二百八并女眞

右位

右理中監劉翊　典柄執法郎淳于斛　理禁張元賓主水雨之官亦保命書　童初府師上侯劉寬

即保命府丞四人趙威伯主仙籍并暴雨水　樂長治主災害　鄭稚政主考注　唐公房主其死者　明

晨侍郎七人比御史中丞　三男眞夏馥字子悟陳留人同柏眞人弟子二人不顯　四女眞周

夏友汝南安城人河南尹周暢之女張桃枝沛人司隸朱寓之母二人不顯

監二人范幽沖遼西人漢尚書郎李整河南人　武解鬼帥者　王延　范糧　傅晃　徐衡四人已度

地仙散位

中嶽仙人朱來子先為楚市長遇馮延壽　中嶽李先生　稿鵲弟子五人　子容　子明　子

威　子戲　子游　趙太子服朮者　蔣先生支子元之師　支子元作裴君小時師　盧生

侯公　石生入東海為始皇使　林屋先生王瑋元　山圖公子周襄王時大夫張禁保之師　赤須子夏明晨之師

師　青谷先生劉上卿之師　惠車子淳于典柄之師　石長生周明晨之師　東郭幼平桃北河之師　鄭

子眞陽翟山人 鄧雲山 唐覽華山人 西河蒯公張理禁之師 周正時 刁道林龍伯高之師
郭子華 趙叔達 張季連三人在霍山 趙公成鶴鳴山 范丘林女眞趙威伯六甲之師 修羊公
化爲白石矣 稷丘子 崔文子 商丘子服菖蒲而不老 劉根服廿草 介象 白羊公不顯姓名
介琰白羊弟子 劉綱妻 嚴青並善禁氣已上六人善禁劾 陳仲林 道君 趙叔道二人蓋竹山中眞人
王世龍許遠遊師 趙道元 傅大初遠遊之交 龔幼節 李開林遠游代對者 王少道 范
叔勝 李伯山三人並初府標表 李仲文 傅知禮

女眞位

寶瓊英 韓太華安國妹李廣利婦 劉春龍 李奚子 王進賢衍女 郭叔香 趙素臺
熙女 鄭天生鄧艾母 許科斗長史婦 李惠姑夏侯元婦 張美子 施淑女續女 宋漂金
母 鮑靚妹 張微子 傅和二人合眞臺主 山外其東者杜契 徐宗度 晏賢生二人
契友 孫寒華女貞 陳世景二人契弟子 趙熙 方山下洞室主者 張祖常 劉平阿
呂子華 蔡天生 龍伯高五人並處方臺 謝稚堅 王伯遼 繁陽子何苗 馮良

郎宗五人在鹿跡洞 王叔明 鮑元治 尹蓋婦三人之外餘三十八並北山下絕洞 辛元子自云禁元中郎將吳越鬼神之司 比干在戎山 李喜南陽人 務光

第七中位

酆都北陰大帝炎帝大庭氏諱慶甲天下鬼神之宗治羅酆山三千年而一替

左位

北帝上相秦始皇 北帝太傅魏武帝 五帝上相未顯 西明公領北帝師周公北少傅

賓友晉宣帝 中護軍周顗 東明公領斗君師夏啟 賓友孫策 右師晨如世中書監

許肇已度九宮位矣 南明公召奭一云東明公已度九宮右保宮 賓友漢高祖 北明公吳季札吳王壽夢之子闔閭之叔延陵季子 賓友荀彧字文若魏武謀臣漢尚書令 趙叔臺 王世卿以上四明主領四方各治一天宮在職一千六百年得補仙官其餘不得矣 鬼官北斗君周武王治一天宮 三官都禁郎齊桓公姓姜名小白 水官司命晉文公姓姬名重耳

大禁晨二人位比尚書令 漢武帝 孫文臺名堅 中禁二人位比中書令監 顏懷字思季 楊彪字文先 北帝南朱陽大門靈關侯郄鑒先是高明司庭郄鑒今爲之位比尚書僕

射 右禁監謝幼輿名鯤晉官太常 司馬鄧嶽 右禁監侍帝晨庾元規名亮晉時位比侍中領右衛又云元規前爲中

衛大將軍 司馬馮懷字相思晉太常 華歆 長史虞翻字長翔武昌人庾亮江州引爲上佐不就 後中衛大將軍孔

文舉名融 長史唐周爲吳尚書 司馬張緬後漢將軍 監海伯治東海溫太眞位比大將軍 長

史杜預晉征南將軍注左傳 北帝侍晨八人位比侍中 徐庶字元直 龐德字令明 爰榆字世都

李廣漢將 王嘉 解結字叔連 何晏字平叔 殷浩字深源 四明公北斗君各有侍帝晨

五人未顯姓名 河北侯二人 劉備字元德 韓遂以上此職統屬仙官

右位

中廄直事四人如世尚書 戴淵字若思晉驃騎 公孫度字叔濟王遼東 郭嘉 劉封備養子 北

帝南門亭長二人 郄鑒 周撫字道和代郄鑒 北天修門郎二人 虞諱 紀瞻 修

門郎八人北斗君門亦有此職姓名未顯 北斗君天門亭長二人 臧洪字子源 王放晉中書郎 期門郎

王允之王敦堂弟 謝鳳 典柄侯范明 周魴字子魚主察試 北帝執蓋郎顧和字君孝晉吏部尚書

部鬼將軍王廙字世將晉時荊州刺史 殺鬼地映日遊三鬼北帝常使殺人無姓名 西門郎十六人未顯主天下房廟血食之

鬼亦應隸四明公　主非使者嚴白虎吳時人爲孫策所殺　南彈方侯許副領威南兵千人已度九宮未委誰代　主

南門鑰司馬留鑽長山人爲吳將　北彈方侯鮑勛領威北兵千人字叔業魏中丞　主北門鑰司馬韋遵時吳

昭孫備門主收執如世羽林監　西河侯陶侃字士元亦領兵數千　長史先用徐寧被彈今用蔡謨字道明晉司徒　廬山侯魏釗會稽人也

南山伯蔣濟字子通魏太尉以上三任各有封掌　泰山君荼頡字景倩　將軍顧衆字長始晉丹陽尹僕射　長史桓

範字元則　司馬曹洪魏武帝操弟字子廉又云先用賈詡前漢人　盧龍公曹仁字子孝魏武帝弟位大將軍　長史司馬未顯

南巴侯何曾字穎孝魏司徒　東越大將軍劉陶字子寄後魏人爲四鎮各領鬼兵萬人以上　楚嚴公即楚莊王熊侶　趙簡

子此二人先未有職今方受位　項梁成作鄷都宮頭者　杜瓊蜀人　馬融　劉慶孫與賈詡爭名譽　王逸少

鄧攸此六人位未顯　右鬼官見有七十五職名顯者凡一百一九人

雲笈七籤　道教相承次第錄

謹按雲臺治中內錄言太上老君傳授雲臺正治宮闕治山[illegible]鼎等得四十一代相承其人名代數

如後

第一代老君老君火山大丹治法傳授三百人唯三人系代王方平尹喜徐甲　第二代王君王

君授三十人唯三人系代茅濛孫盈竟震　第三代竟震震授十七人唯二人系代若士李夫人名仙　第四代若士士授五十二人唯三人系代李元君白石先生李常存　第五代李元君元君授七十二人唯二人系代王子喬許遜成　第六代諸仙別傳分散世絕系治官氣並治名老君愈於志學之子再下平蓋山授張陵爲雲臺治火芝火仙之經方術變化長生不死之藥登昇雲天之道勅陵爲第六代道之外孫而東海小童君爲陵保舉師太上老君爲度師度雲臺治封陵爲天師天師授三百人唯三人系代行治張申王昇李忠　第七代張申申授三十三人唯三人系代行傳治法李仲春李意期李元　第八代李仲春仲春授十五人唯二人系代李少君魏伯陽　第九代李少君少君授九十人唯二人系代欒巴李常存　第十代欒巴巴授五人唯二人系代陰長生李甯先　第十一代陰長生長生授八人唯二人系代張景霄王萬縉　第十二代張景霄景霄授五人唯一人系代劉馮　第十三代劉馮馮授五人唯一人系代劉政　第十四代劉政政授五人唯二人系代劉博嚴光　第十五代劉博博授三人無可代者乃入林屋山中合龍虎大丹而昇天治法遂絕太上老君命李仲甫出神仙之都以法授江南左慈字元放

故令繼十六代爲師相付元放授八十人唯三人系代介象騣光女李佗　第十七代介象象授四十人唯五人系代李延張授葛葛卿阮玉李甫　第十八代李延介談延談授十八人唯一人系代劉景　第十九代劉景景授四人唯一人系代東海郭延　第二十代東海郭延延授三十人唯一人系代靈靜光　第二十一代靈靜光靜光本外國人授十八人唯一人系代何逃　第二十二代何逃逃授十人唯一人系代羅先期　第二十三代羅先期先期授二十人唯二人系代甘季仁甘孝先　第二十四代甘孝先孝先授五十一人唯一人系代石帆公　第二十五代石帆公帆公授十九人唯一人系代宮戸一云宮中用字也　第二十六代宮戸戸授八十人無可傳者治法遂絶戸入南嶽及天台山經八十五年世絶仙人正道不繼老君念其功修之徒再降廬山勅左元放授施存葛元令繼代爲仙官世祖師傳仁人者也　第二十七代施存存授七十人但皆地仙耳唯同學葛元繼代　第二十八代葛元元授十九人唯三人系代張泰仇眞李用別出　第二十九代尹思太上老君差紫衣使者下命於廬山授五人更二人尹思尹軌系代傳治思授七十人唯二人系代女子樊忠和章義山　第三十代尹軌軌授十九人唯一人系

代女仙李元一　第三十一代女仙樊忠和忠和授二人唯一人系代劉綱東陵母　第三十二代女仙李元一元一授四十人無人可傳治法代絕　第三十三代劉綱綱樊夫人弟子雖居官治又其夫也治法後絕　第三十四代張秦秦葛元弟子元見其代絕乃稱令叅授十一人唯一人系代王列　第三十五代王列列授九人唯二人系代許遜胡步眞　第三十六代許遜遜授一百人而無人可授系代又絕遜昇天後兩代人民征伐眞志不傳老君勅使三人於天台山令葛元傳鄭思遠系三十七代　第三十七代鄭思遠思遠授十九人唯二人系代葛洪李淳風第三十八代李淳風淳風授四十人唯四人系代而未傳授二人者李道興李靖後又隱於房公之山一百年後出授張常存李太虛李惠舉同太師神等四人　第三十九代李惠舉張常存而各分代傳授皆稱三十九代孫惠舉授三十人唯三人可代李保眞白元中李太昌張常存授三十七人唯三人願系代孫張眞應眞孫道用　第四十代李保眞保眞授二十四治一百人唯二人系代林通元李德仁　第四十一代林通元

鴻苞　諸眞

按古靈人上眞多好密緯潛修毁光隱迹至証道度世不爲人知自非托之文字後世誰當識者如眞誥南嶽魏夫人與長史楊羲言東嶽上眞卿司命君東宮九微眞人金闕上相青童大君蓬萊右仙公賈寶安淸虛小有天王王子登桐柏眞人右弼王領五嶽司侍帝晨王子喬青蓋眞人侍帝晨郭世幹戎山眞人太極右仙公范伯華少室眞人北臺郎劉千壽墦冢眞人左禁郎王道盜大梁眞人魏顯仁岷山眞人陰友宗陸渾眞人太極監西郭幼度九嶷山侯張上貴岱宗神侯領羅酆右禁司鮑元節華山仙伯秦叔隱嵩衍眞人周季通洛陽眞人領西歸傅淳于太元潛山眞伯趙祖陽句曲眞人定錄右禁郎茅季偉爍絕眞人裴元人白水仙都朱交甫三官保命司茅思和太和眞人山世遠太和靈嬪上眞左夫人北海六微元淸夫人北漢七靈右夫人太極中華右夫人紫微左宮王夫人滄浪雲林右英夫人上元司命南嶽夫人八靈道母西嶽蔣夫人上眞東宮衛夫人方丈臺照靈李夫人紫淸上宮九華安妃朱陵北絕臺上嬪管妃北嶽上元山夫人西漢夫人長陵杜夫人凡男眞二十三人女眞十五人多不見於經傳世人所不聽南嶽夫人始發之近世覺眞所言蘇元君朱眞君稚天妃王夫人偶嫩娟諸眞人世人亦未之聞也由此推之淸微之上大羅之宮列名仙籍

相羊雲耕而不爲下土所聞者亦多矣世之人行一善則惟恐人不知立一節則惟恐人不讚此仙凡之所以爲難也

卷終

神異典第二百二十二卷

神仙部彙考二　按道書所載有天仙神仙地仙人仙鬼仙之別天仙與元氣俱生亦有由人修證者渺茫不一非有史傳可據黃帝老子道家之祖亦不便入於列傳故總爲神仙彙考

元始眞人　按晉葛洪枕中書昔二儀未分溟涬鴻濛未有成形天地日月未具狀如雞子混沌元黃巳有盤古眞人天地之精自號元始天王遊乎其中溟涬經四劫天形如巨蓋上無所係下無所依天地之外遼屬無端元元太空無響無聲元氣浩浩如水之形下無山嶽上無列星積氣堅剛大柔服維天地浮其中展轉無方若無此氣天地不生天者如龍旋廻雲中復經四劫二儀始分相去三萬六千里崖石出血成水水生元虫元虫生濱牽濱牽生剛須剛須生龍元始天王在天中心之上名曰玉京山山中宮殿並金玉飾之常仰吸天氣俯飲地泉復經二劫忽生太元玉女在石澗積血之中出而能言人形具足天姿絕妙常遊厚地之間仰吸天炁號曰太元聖母元始君下遊見之乃與通氣結精招還上宮當此之時二氣絪緼覆載氣息陰陽調和無熱無寒天得一以清地得一以盛並不復呼吸宣氣合會相成自然飽滿大道之興莫過於此結積堅固是以不朽金玉珠者天

地之精也服之與天地相畢元始君經一劫乃一施太元毋生天皇十三頭治三萬六千歲書爲扶桑大帝東王公號曰元陽父又生九光元女號曰太眞西王毋是西漢夫人天皇受號十三頭後生地皇地皇十一頭地皇生人皇九頭各治三萬六千歲聖眞出見受道天元爲建初混成天任於令所傳三皇天文是此所宣故能召請天上大聖及地下神靈無所不制故天眞皇人三天眞王碣九龍之興是也次得八帝大庭氏庖羲神農祝融五龍氏等是其苗裔也今治五嶽是故道隆上代弊極三王三王夏禹殷湯周武也是以淳風旣澆易變而禮興禮爲亂首也周末陽弱而陰強國多寡婦西戎金兵起而異法興焉旣而九州湮沒帝業荒蕪此言驗也後來方有此事道降之代其人混沌異法之熾人民猶僞也洪曰此事元遠非凡學所知吾以痡才幸遭上聖眄目論天地之奧藏暢至妙之源本輒條所誨銘之於素以爲絕思矣夫無心分之人愼勿以此元始告之也故置遺跡示乎世之賢耳　眞記曰元都玉京七寶山週圍九萬里在大羅之上城上七寶宮宮內七寶臺有上中下三宮如一宮城一面二百四十門方生八行寶林綠葉朱實五色芝英上有萬二千種芝沼中蓮花徑度十丈上宮是盤古眞人元始天王太元聖毋所治　按上清經元始天帝與南極元君

登太空瓊臺五老上眞仙都公開鬱林之笈雲錦之襚上清變化七十四方解形之道三元布經以授於元君　按雲笈七籤元始天王稟天自然之氣結形未沌之霞托體虛生之胎生乎崆峒之際時元景未分天光冥遠浩漫太虛積七千餘劫天朗氣清二暉纏絡元雲紫蓋映其首六氣之電翼其眞夜生自明神光燭空散形靈馥之烟棲心霄霞之境練容洞波之濱獨秉靈符之節抗御元降之章內氣元虛潛想幽窮忽焉逍遙流盼忘旋瓊輪玉輿碧輦元龍飛精流霜耀電虛宮東遊碧水蒙林之境上憩青霞九曲之房進登金闕受號玉清紫虛高上元皇太上大道君受金簡玉札使奏名東華方諸青宮於時受命總統億津元降玉華之女金晨之童各三千人飛龍毒獸巨虬千尋獵天奮爪備衛玉闕天威煥赫陳於廣庭飛青羽蓋流紫鳳章金眞玉光豁落七元神虎上符流金火鈴結編元皇位在玉清掌括上皇高帝之眞

東王公　按神異經東荒山中有大石室東王公居焉長一丈頭髮皓白人形鳥面而虎尾載一黑熊左右顧望恆與一玉女投壺每投千二百矯設有入不出者天爲之噫噓矯出而脫悞不接者天爲之笑　按枕中書元始君經一劫乃一施太元母生天皇十三頭治三萬六千歲書爲扶桑大

帝東王公號曰元陽父扶桑大帝住在碧海之中宅地四面並方三萬里上有太真宮碧玉城萬里多生林木葉似桑又有椹樹長數千丈二十圍兩同根偶生更相依倚名爲扶桑宮第象玉京也衆仙無量數元洲方丈諸天仙未昇天者在此　按酉陽雜俎王公諱倪字君明天下未有人民時秩二萬六千石佩雜綬綬長六丈六尺從女九千以丁亥日死　按仙傳拾遺木公亦云東王父亦云東王公蓋青陽之元氣百物之先也冠三維之冠服九色雲霞之服亦號玉皇君居於雲房之間以紫雲爲蓋青雲爲城仙童侍立玉女散香眞僚仙官巨億萬計各有所職皆稟其命而朝奉翼衛故男女得道者名籍所隸焉昔漢初小兒於道歌曰著青裙入天門揖金母拜木公時人皆不識惟張子房知之乃再拜之曰此乃東王公之玉童也蓋言世人登仙皆揖金母而拜木公焉或云居東極大麓中有山焉以青玉爲室深廣數里僚屬眞仙時往謁九靈金丹一歲再遊其宮共校定男女眞仙階品功行以昇降之總其行籍而上奏元始中開玉晨以稟命於老君也天地刼歷陰陽代謝由運興廢陽九百六興善黜惡靡不由之或與一玉女更投壺焉每投一投十二百梟設有入不出者天爲之嘻嘘梟而脫悞不接者天爲之咥儒者記而詳焉所謂王者乃尊爲貴上之稱非其氏族

也世人以王父王母爲姓斯亦悞矣

西王母　按山海經西山經嬴母之山又西三百五十里曰玉山是西王母所居也西王母其狀如人豹尾虎齒而善嘯蓬髮戴勝是司天之厲及五殘　海內北經西王母梯几而戴勝杖其南有三青鳥爲西王母取食在崑崙虛北　大荒西經西有王母之山壑山海山有沃之國沃民是處沃之野鳳鳥之卵是食甘露是飲凡其所欲其味盡存爰有甘華甘柤白柳視肉三騅璇瑰瑤碧白木琅玕白丹青丹多銀鐵鸞鳥自歌鳳鳥自舞爰有百獸相羣是處是謂沃之野有三青鳥赤首黑目一名大鵹一名少鵹一名青鳥　西海之南流沙之濱赤水之後黑水之前有大山名曰崐崙之丘有神人面虎身有文有尾皆白處之其下有弱水之淵環之其外有炎火之山投物輒然有人戴勝虎齒有豹尾穴處名曰西王母此山萬物盡有　按竹書紀年舜九年西王母來朝獻白環玉玦

穆王十七年王西征崑崙丘見西王母其年西王母來朝賓於昭宮注王北征行流沙千里積羽千里征犬戎取其五王以東西征於青鳥所解三危山征西迴履天下億有九萬里　按穆天子傳天子西征至於王母之邦吉日甲子天子賓於西王母乃執白圭元璧以見西王母獻錦組百純白組

三百純西王母再拜受之乙丑天子觴西王母於瑤池之上西王母爲天子謠曰白雲在天山陵自出道里悠遠山川間之將子無死尚能復來天子答之曰予歸東土和治諸夏萬民平均吾顧見汝比及三年將復而野天子遂驅升於弇山乃紀丌跡於弇山之石而樹之槐眉曰西王母之山還歸丌世民作歌以吟曰比徂西土爰居其野虎豹爲羣於鵲與處嘉命不遷我惟帝女天子大命而不可稱顧世民之恩流涕芔隕吹笙鼓簧中心翱翔世民之子唯天之望丁未天子飲於温山　按神異經崑崙之山有銅柱焉其高入天所謂天柱也圍三千里周圓如削下有回屋方百丈仙人九府治之上有大鳥名曰希有南向張左翼覆東王公右翼覆西王母背上小處無羽一萬九千里西王母歲登翼上之東王公也故其柱銘曰崑崙銅柱其高入天員周如削膚體美焉其鳥銘曰有鳥希有碌赤煌煌不鳴不食東覆東王公西覆西王母王母欲東登之自通陰陽相須唯會益工

按西王母傳西王母者九靈太妙龜山金母也一號太虛九光龜臺金母元君乃西華之至妙洞陰之極尊在昔道氣凝寂湛體無爲將欲啟迪元功化生萬物先以東華至眞之氣化而生木公木公生於碧海之上蒼靈之墟以主陽和之氣理於東方亦號曰東王公焉又以西華至妙之氣化而生

金母金母生於神州伊川厥姓侯氏生而飛翔以主元毓神元奧於眇莽之中分大道醇精之氣結氣成形與東王公共理二氣而育養天地陶鈞萬物矣柔順之本爲極陰之元位配西方母養羣品天上天下三界十方女子之登仙者得道者咸所隸焉所居宮闕在龜山春山西那之都崑崙之圃閬風之苑有城千里玉樓十二瓊華之闕光碧之堂九層元室紫翠丹房左帶瑤池右環翠水其山之下弱水九重洪濤萬丈非飆車羽輪不可到也所謂玉闕暨天綠臺承霄青琳之宇朱紫之房連琳綵帳明月四朗戴華勝佩虎章左侍仙女右侍羽童寶蓋沓映羽旆蔭庭軒砌之下植以白環之樹丹剛之林空青萬條瑤幹千尋無風而神籟自韻琅琅然皆九奏八會之音也神州在崑崙之東南故爾雅云西王母日下是矣又云王母蓬髮戴華勝虎齒善嘯者此乃王母之使金方白虎之神非王母之眞形也元始天王授以方天元統龜山九光之籙使制召萬靈統括眞聖監盟證信總諸天之羽儀天尊上聖朝宴之會考校之所王母皆臨訣焉上清寶經三洞玉書凡有授度咸所關預也黃帝討蚩尤之暴威所未禁而蚩尤幻變多方徵風召雨吹煙噴霧師衆大迷帝歸息太山之阿昏然憂寢王母遣使者披元狐之裘以符授帝曰太一在前天一在後得之者勝戰則克矣符廣三

寸長一尺青瑩如玉丹血爲文佩符既畢王母乃命一婦人人首鳥身謂帝曰我九天元女也授帝以三宮五意陰陽之略太乙遁甲六壬步斗之術陰符之機靈寶五符五勝之文遂克蚩尤於中冀剪神農之後誅榆罔於阪泉天下大定都於上谷之涿鹿又數年王母遣使白虎之神乘白鹿集於帝庭授以地圖其後虞舜攝位王母遣使授舜白玉環舜即位又授地圖遂廣黃帝之九州爲十有二州王母又遣使獻舜白玉琯吹之以和八風尙書帝驗期曰王母之國在西荒也昔茅盈字叔申王褒字子登張道陵字輔漢洎九聖七眞凡得道授書者皆朝王母於崑陵之闕焉時叔申道陵侍太上道君乘九蓋之車控飛虬之軌越積石之峯濟弱流之津浮白水淩黑波顧盼倏忽詣王母於闕下子登清齋三月王母授以瓊華寶曜七晨素經茅君從西城王君詣白玉龜臺朝謁王母求長生之道曰盈以不肖之軀慕龍鳳之年欲以朝菌之脆求積朔之期王母愍其勤志告之曰吾昔師元始天王及皇天扶桑帝君授我以玉佩金璫二景纏煉之道上行太極下造十方溉月咀日入天門名曰元眞之經今以授爾宜勤修焉因敕西城王君一一解釋以授焉又周穆王時命八駿與七華之士使造父爲御西登崑崙而賓於王母穆王持白珪重錦以爲王母壽事具周穆王傳至漢武

帝元封元年七月七日夜降於漢宮語在漢武帝傳內此不復載焉　按枕中書元始天王在天中心之上名曰玉京山經二刧忽生太元玉女在石澗積血之中號曰太元聖母元始君下遊見之乃與通氣結精招還上宮元始君經一刧乃一施太元母生天皇又生九光元女號曰太眞西王母是西漢夫人　西漢九光夫人始陰之氣治西方故曰木公金母天地之尊神元氣鍊精生育萬物調和陰陽光明日月莫不由之精神長存命則無終抱一不離故能長久　崑崙元圃金爲墉城四方千里城上安金臺五所玉樓十二瓊華之屋紫翠丹房七寶金玉積之連天巨獸萬尋靈香億千西王母九光所治羣仙無量也　按拾遺記周穆王三十六年王東巡大騎之谷詣春宵宮集諸方士仙術之要而螭鵠龍蛇之類奇種憑空而出時已將夜王設常生之燈以自照一名恒輝又列璠膏之燭遍於宮內又有鳳腦之燈又有冰荷者出冰壑之中取此花以覆燈七八尺不欲使光明遠也西王母乘翠鳳之輦而來前導以文虎文豹後列雕麟紫麏曳丹玉之履敷碧蒲之席黃莞之薦共玉帳高會薦清澄琬琰之膏以爲酒又進洞淵紅蘤嵰州甜雪崐流素蓮陰岐黑棗萬歲冰桃千常碧藕青花白橘素蓮者一房百子淩冬而茂黑棗者其樹百尋實長二尺核細而柔百年一熟

扶桑東五萬里有磅磄山上有桃樹百圍其花青黑萬歲一實鬱水在磅磄山東其水小流在大陂之下所謂沉流亦名重泉生碧藕長千常七尺爲常也條陽山出神蓬如蒿長十丈周初國人獻之周以爲宮柱所謂蒿宮也中有白橘花色翠而實白大如瓜香聞數里峩環天之和樂列以重霄之寶器器則有岑華鏤管腓瀑雕鐘員山靜瑟浮瀛羽磬撫節按歌萬靈皆聚環天者鈞天也和廣也岑華山名也在西海上有象竹截爲管吹之爲羣鳳之鳴腓瀑出精銅可爲鐘鐸員山其形員也有大林雖疾風震地而林木不動以其木爲琴瑟故曰靜瑟浮瀛卽瀛洲也上有青石可爲磬磬者長一丈輕若鴻毛因輕而鳴西王母與穆王歡歌既畢乃命駕昇雲而去　按丙音玉字經大梵隱語西王母以上皇元年七月丙午於洞室下教以授青虛眞人王君傳於夏禹封文於南浮洞室石匱故五符經云九天靈書猶封於石匱是也玉訣下雲五宛眞人封題玉匱亦其例也孔靈符云會稽山南有宛委山其上石俗呼爲石匱壁立雲漢累梯然後至焉昔禹治洪水其功未就乃躋於此山發匱得金簡玉字以知山河體勢於是疏導百川各盡其宜　按酉陽雜俎西王母姓楊諱回治崑西北隅以丁丑日死一曰婉衿

太上道君　按雲笈七籤洞元本行經云太上道君者於西那天鬱察山浮羅之嶽坐七寶騫木之下清齋空山靜思神眞合慶冥樞蕭朗自然擁觀萬化俯和衆生是時十方大聖至眞尊神詣座燒香稽首道前上白道君不審靈寶出法從何劫而來至於今日凡幾度人爲盡如是復有轉輪天尊是何劫生値遇眞文得今太上之任致是得度何獨如之巍巍德宗高不可勝願垂賜告本行因緣解說要言開悟後生道言天元輪轉隨劫改運一成一敗一死一生滅而不絶幽而復明靈寶出法隨世度人自元始開光至於赤明元年經九千九百億萬劫度人有如塵沙之衆不可勝量赤明之前於眇莽之中劫劫出化非可思議赤明以後至上皇元年宗範大法得度者衆終天說之亦當不盡今爲可粗明眞正之綱維標得道者之遐迹爾今聊以開示於後來領會於靈文之妙我濯紫晨之流芳蓋皇上之胄裔我隨劫死生世世不絶常與靈寶相値同出經七百億劫中會青帝劫終九氣改運於是託胎於洪氏之胞凝神於瓊胎之府積三千七百年至赤明開運歲在甲子誕於扶刀蓋天西那玉國浮羅之嶽復與靈寶同出度人元始天尊以我因緣之勳錫我太上之號封鬱悅那林昌玉臺天帝君位登高聖治元都玉京實由我身尊承大法靈寶眞文世世不絶廣度天人慈心

於萬劫溥濟於眾生功德之大勳名繫於億劫之中致今報爲諸天所宗焉

上清高聖太上玉晨大道君　按雲笈七籤洞眞大洞眞經云上清高聖太上大道君者蓋二晨之精氣九慶之紫烟玉暉煥爛金映流眞結化含秀苞凝元神寄胎母氏育形爲人諱闓贇字上開元母姓三千七百年乃誕於西那天鬱察山浮羅嶽丹元之阿於是受籙紫皇受書玉虛眺景上清位司高仙爲高聖太上玉晨大道君治蕊珠日闕館七映紫房金童玉女各三十萬人侍衛於是振策七圍揚青九霄飛空儛旌駕景馳飈徘徊八烟盤桓空途仰嚮日珥旁佩月珠摘絳林之瓊實餌元河之紫蕤偃蹇靈軒領理帝書萬神入拜五德把符上眞侍晨天皇抱圖乃仰空言曰子欲爲眞當存日中君駕龍驂鳳乘天景雲東遊桑林遂入帝門若必昇天當思月中夫人駕十飛龍乘我流鈴西朝六嶺遂詣帝堂精根運思上朝玉皇蔚蔚敷鬱儀以躡景晃晃散結璘以暨霄雙皇合鑾後天而凋夫大有者九天之紫宮小有者清虛三十六天之首洞於是高聖太上大道君初乘一景之輿駕八素紫雲攝希微蒼帝名錄豐子俱東行詣鬱悅那林昌玉臺天晃玉清紫道虛皇上君受九暉大晨隱符太上大道君次乘二景之輿駕七素絳雲攝中微赤帝名定無彥俱南行詣高桃厲沖龍

羅天晃玉清翼日虛皇太上道君受觀靈元晨隱符太上大道君次乘三景之輿駕六素紅雲攝太微白帝名藥淵石俱西行詣碧落空歌餘黎天晃玉清昌陽始虛皇高元君受總晨九極隱符太上大道君次乘四景之輿駕五素青雲攝元微黑帝名齊元旋俱北行詣伽摩坦婁於翳天晃玉清七靜導生高上虛皇君受沓曜旋根隱符太上大道君次乘五景之輿駕四素黃雲攝始微上帝名接窔子俱東北行詣扶刀蓋華浮羅天晃玉清大明虛皇洞清君受元景晨平隱符太上大道君次乘方景之輿駕三素綠雲攝靈微中帝名秉巨文俱東南行詣貝渭耶藥初默天晃玉清始元虛皇太霄君受合暉晨命隱符太上大道君次乘七景之輿駕二素紫雲攝宣微下帝君名宏膚子俱西南行詣沖容育鬱離沙天晃玉清七觀無生虛皇金靈君受齊暉晨元隱符太上大道君次乘八景之輿駕一素靈雲攝洞微眞帝名泗澄攄俱西北行詣單綠察寶輪法天晃玉清八觀高元虛皇渟景君受高上龍烟隱符太上大道君又乘洞景玉輿駕太霞紫烟元景之暉攝九微內帝君名申名閑及上皇九元九天諸眞仙王等俱仰登彌梵羅臺霄絕寥丘飛元雲根之椰玉清上天晃玉清紫暉太上玉皇明上大道君受高清太虛無極上道君隱符

上清眞人總仙大司馬長生法師主三天君　按雲笈七籤上清眞人總仙大司馬長生法師主三天君姓柏成諱欻生字芝高乃中皇時人歲在東維之際誕於北水中山柏林之下夫名爲欻生者以母感日華而懷孕年九歲求長生之道至十四與西歸公子巨靈伯尹俱師事黃谷先生黃谷先生者能爲不死修靜無爲不營他術含精內觀凝神寂漠思眞安恬以致不死後五百年遇金仙石公齊氏先生晃夜童子三人受胎精中記化胞內經養神上法解結之要又登太帝滄浪山洞臺中雙玉穴酬紫明芝液遇上清萬石先生授以乘飛羽虛八氣景龍之蹻反胎守白越度之法又廣成子授以丹青玉爐鍊雲根柔金剛之經又授以飛烟發霜沈雪浮日朱之法又遇始元童子丰車小童受虛皇帝籙仙忌眞戒化一成萬解形之法後遇玉清文始東王金暉仙公號曰玉皇二道君告以胎閉靜息內保百神開洞雲房堅守三眞之事後復詣二玉皇君問雲房之道三眞之訣二玉皇君曰三眞者兆一身之帝君百神之始眞也若使輔弼審正三皇內寧太一保胎五老扶精一居丹田司命護生一居絳宮紫氣濯形一居洞房三素合明於是變化離合與眞同靈明堂雲宮紫戶玉門黃闕金室丹城朱牕皆帝一之內宅三眞之寶室也於是雲房一景混合神人上通崐崙下臨清

淵雲蓋嵯峨林竹葱芊七靈廻轉七門幽深金扉玉匱符籍五篇公子內伏外牽白元混一成形呼陽召陰上帝司命各保所生微哉難言非仙不傳又問呼陽召陰出入無方之法氣出神變之道二玉皇曰呼陽者三氣之所出入也召陰者六丁之所往來也若得三氣之所生能知六丁之所因者則陽氣化為龍車陰氣變為玉女則騰轉無方輪舞空元之上也夫氣之所在神隨所生焉神在則氣成神去則氣霧氣者即二十四神之正氣是為二十四氣也氣能成神神亦成氣散之為雲霧合之為形影出之為仙化入之為眞一上結三元下結萬物靜為兆身動為兆神是以常混合二十四神變化三五之眞人混成正一合為帝君即兆本神也夫人受生於天魂結成於元靈天魂生之根元靈生之胎流會太一達觀三道神積玉宮液溢元府津流地戶澤潤洞房日月煥於霄暉五神混於元父元父主氣化散帝極元母主精變會幽元是以司命奉符固形扶神公子內守桃康保魂左攜無英右引白元雲行雨施萬關流布也後二玉皇授歘生大洞眞經三十九章廻風混合帝一之道斷環割青盟誓而傳得為上清眞人位曰總仙大司馬長生法師主三天君理太元都閬風玉臺總司學道之仙籍主括三天之神人萬仙受事於玉臺五帝北朝於靈軒矣

太微天帝君　按雲笈七籤紫度炎光神元變經云太微天帝君生於始青之端九曜神靈之裔元氣未凝之始結流芳之冑而法形焉運光映靈紫雲曜電元烟流霞丹暉纏絡妙覺潛啟仍採納上契條暢純和吐納冥津遂降靈生之胎哺兼洪泉曲芝行年二七金容內發玉華外映洞慧神聰朗覩虛元編掌帝號其所任乎澄流九霄之霞飛眺洞清之源明機覽於極元領綜運於億津積感加於冥會妙啟發於自然是以得禦紫度炎光廻神飛霄登空之法修行內應上登玉清高上之尊道備以付中央黃老君焉

東方青靈始老君　按雲笈七籤洞元本行經云東方安寶華林青靈始老君者往在白氣御運於金劫之中誓生鬱悅金映雲臺那林之天西婁無量玉國浩明元嶽厥名元慶於此天中大建功德初無懈心勳名仰徹朱陵火宮書其姓名記於赤簡仙道垂成而值國多綵女元慶遂以寄世散想靈魔舉其濁目朱宮輟其仙名一退遂經三劫中值火劫改運元慶又受氣寄胎於洪氏之胞上天以其先身好色故轉為女子朱靈元年歲在丙午誕於丹童龍羅衛天洞明玉國丹霞之阿改姓洪諱那臺年十四敬好道法心願神仙常市香膏然燈照暝大作功德諸天所稱名標上清南極上靈

紫虛元君託作傭人下世教化見那臺真潔好尚至法迴駕於丹霞之阿授那臺靈寶赤書南方眞文一篇於是那臺勵志殊勤自謂一生作於女子處於幽房無由得道因齋持戒思念願得轉身爲男丹心遐徹遂至感通上眞下降元始天尊時於琅碧之溪扶搖之丘坐長林枯桑之下衆眞侍坐是日那臺見五色紫光曲照齋堂於是心悟疑是不常仍出登牆四望忽見東方桑林之下華光赫奕非可勝名去那臺所住數百里中隔礙暘谷滄海之口心懷踴躍無由得往因叉手遙禮稱名那臺先緣不厚致作女身發心願樂志期神仙高道法妙不可得攀日夕思念冀得滅度轉形爲男歷年無感常恐生死不得遂通彌齡之運有於今日天河隔礙無由披陳今當投身碧海沒命於天冀我形魂早得輪轉更建功德萬劫之中冀見道眞言訖便從牆上投身擲空命赴滄海極淵之中紛然無落卽爲水帝神王以五色飛龍捧接女身俄頃之間已於懸中得化形爲男子乘龍策虛飛至道前於是元始卽命仙都錫加帝號於火劫受命輔於靈寶青帝玉篇七百年中火劫數極青氣運行隨元滅度以開光元年於彌梵羅臺霄絕寥丘飛元雲根之都滄霞九雲之墟元始又錫安寶華林青靈始老帝君號

南方丹靈眞老君　按雲笈七籤洞元本行經云南方梵寶昌陽丹靈眞老君者本姓鄭字仁安大炎之裔生於禪黎世界赤明天中生有三氣之雲纏其身朱鳥鼓翮覆其形三日能言便知宿命年及十二面有金容玉顏便棄世離俗遠遊山林於寒靈洞宮遇元和先生授仁安靈寶赤書五氣元天黑帝眞文一篇智慧上品十戒而去仁安於是奉戒而長齋大作功德珍寶布施以拯諸乏餉口飴鳥功命徹天因於西那國遇天洪災大水滔天萬姓流漂仁安於洪波之上汎舟誦戒書黑帝眞文以投水中水為開道百頃之地鳥獸麏鹿虎豹獅子皆往依親悉得無他是時國王百口登樓而漂沒歘不能得度仁安見王垂沒乃浮舟而往以所佩眞文授與國王王敬而奉之水劫卽退翕然得過王既得免眞文於是卽飛去入雲中莫知所在仁安失去眞文退仙一階運應滅度託命告終死於北戎之阿暴露靈屍三十餘年形體不灰光色鮮明無異生時在於北戎長林之下時國王遊獵放火燒山四面火帀去其靈屍之間百步之內火不得然麏鹿虎豹莫不依親王怪而往見靈屍之上有三色之光雲霧鬱冥鳥獸帀繞王乃伐薪圍屍放火焚燒於時屍放火中鬱起成人坐青煙之上指搵虛無五色煥爛左右侍者仙童玉女三百餘人肅然而至凡是禽獸依親之者並在火中

皆得過度仁安以赤明二年歲在丙午於伽摩坦婁於翳天中洞寥之嶽改姓洞浮諱曰極炎受錫南單梵寶昌陽丹靈眞老帝號丹靈老君也

中央黃老君　按雲笈七籤洞眞九眞中經云中央黃老君者太上太微天帝君之弟子也以混皇二年始生焉年七歲乃知長生之要天仙之法仍眇綸上思欽納眞元蕭條靈想棲心神源解脫於文蔚之羅披素於空任之肆於是太上授九眞之訣八道祕言施修道成受書爲太極眞人

靈方皓靈皇老君　按雲笈七籤洞元本行經云西方七寶金門皓靈皇老君者本乃靈鳳之子也靈鳳以呵羅天中降生於衞羅天堂世界衞羅國王取而畜之王有長女字曰配瑛意甚憐愛常與共戲於是靈鳳常以兩翼扇女面後十二年中女忽有胎經涉三月王意怪之因斬鳳頭埋著長林丘中女後生女墮地能言曰我是鳳子位應天妃王卽名曰皇妃生得三日有羣鳳來賀元圖玉霜洪泉曲水八煉芝瑛年八歲執心肅操超拔俗倫常朝則謁日暮則揖月於重宮之內王設廚膳物不味口天作大雪一年不解雪深十丈鳥獸饑死王女思憶靈鳳往與遊好駕而臨之長林丘中歌曰杳杳靈鳳綿綿長歸悠悠我思永與願違萬劫無期何時來飛於是王所殺鳳鬱然而生抱女俱

飛徑入雲中王女今於景霄之上受書爲南極上元君常乘九色之鳳此女前生萬刧已奉靈寶致靈鳳降形得封南極元君之號皇妃功德遐徹天眞感降以上元之年歲在庚申七月七日中時元始天尊會於衛羅玉國鳳麟之丘坐鶱華之下衆眞侍坐是時皇妃所住室內忽有日象如鏡之圓空懸眼前皇妃映見天眞大神普在鏡中長林之下一室光明於是自登通陽之臺遙望西方見鳳生丘上紫雲鬱勃神光煒煥非可得名去皇妃所住五百步許逼以女根處在宮內無由得往須臾忽有神鳳來翔集於臺上皇妃白鳳言曰西方有道心願無緣不審神鳳可得暫駕見致與否於是鳳卽斂翮使坐翮上與之徑至道前元始天尊指以金臺王母卽汝師也便可施禮皇妃叩頭上啟惟願衆尊特垂哀矜則枯骸更生言畢金母封以西靈玉妃之號卽命九光靈童披霜羅之蘊出靈寶赤書白帝眞文一篇以授皇妃受號三百中仍值青刧改運皇妃方復寄胎於李氏之胞三年於西那玉國金璽幽谷李樹之下而生化身爲男子改姓上余諱日昌至開光元年歲在上甲元始天尊錫西方七寶金門皓靈皇老君號

北方五靈元老君　按雲笈七籤洞元本行經云北方洞陰朔單鬱絕五靈元老君者本姓浩字敷

明蓋元皇之裔太清之胄生於元福棄賢世界始青天中年十二性好幽寂心翫山水遠於家中或去十日時復一還時天下災荒人民餓殍一國殆盡敷明於地境山下遇一頃巨勝身自採取餉遺窮乏日得數過救度垂死數千餘口隨取隨生三年不訖他人往覓莫知其處是時辛苦形體憔悴不暇營身遂致疲頓死於山下九天書其功德金格記其玉名度其魂神於朱陵之宮後帝遣金翅大鳥常敷兩翼以覆其尸七百年中尸形不灰至水劫改運水泛尸漂於無崖之淵水過而後敷明尸泊貝湄邪源初默天鬱單之國北壟元丘四十年中又經山火盛行焚燒尸形於火中受煉而起化成眞人五色之雲覆蓋其上至開明元年於北壟元丘改姓簡諱靈會元始天王錫靈會洞陰朔單鬱絕五靈元老君號

青要帝君　按雲笈七籤洞眞青要紫書金根衆經云青要帝君者九陽元皇玉帝之弟子也以中皇元年歲在東維天始告暉君育於元丘王國無崖之天瓊林七寶之下溟濛九域之濱法化應圖三日啟晨厥姓堯諱闕字伯開仍有九龍翼君側七色瓊鳳蔭君身神麟含芝以哺元天女吐精以灌眞玉童擲華以却穢神妃散香以攘塵含漱胎息法秀自然年冠二六面發金容體生靈符容與

順化應運浮沉棲心明霞之境遨遊玉圖之墟執抗元皇之策落景九域之丘逍遙流盼遂經萬刧方還清齋雲房之間以紫雲爲屋青霞爲城黃金爲殿白玉爲牀五氣交結高臺運興玉陛文階鳳闕四張金童侍側玉華執巾天仙羅衛五千餘人九陽元皇玉帝君時乘碧霞九鳳飛輿瓊輪羽蓋從桑林千眞萬乘億騎飛行侍仙三十六人宴景霄庭來降於君與君共登九老仙都之京九曲之房命西臺龜母開雲鳳之蘊紫錦之囊出紫書眞訣玉篇已受於君君修行道備位登玉清太上大道君授君飛雲羽蓋流紫鳳章金眞玉光豁落七元金神虛符流金火鈴青玉璽九色無縫之章單青羽裙飛行上清於是縱景萬變廻轉五晨策虛召月攝日揚輪洞化離合與眞同靈解形遁變儵欻億千上登三元朝謁玉宮遊覽無崖匡落九天出入洞門攜契玉仙仰稟高上元始太眞應氣順命位掌帝晨總統萬道無仙不關下攝十天山靈河源五嶽四海莫不上隸於君者也

南極長生司命君　按雲笈七籤洞眞變化七十四方經云上清總眞主錄南極長生司命君姓王諱改生字易度乃太虛元年歲洛西番孟商啟運朱明謝遷天元冥遯三暉翳昏晨風迅虛六日明爲君誕於東林廣昌之城長樂之鄉行年十四棄世離俗心慕神仙遇紫府華先生受陰陽補養倒

死修生三五變煉七九復神道御中和胎息之方行其術壽至四百年登元谿之澗隱巖之房詣屬先生受金丹煉雲芝之根柔金剛之經飛煙起霜沈雪之方招霞咽精之道服御七年與日合景行經神州空洞之山遇太乙眞人戴先生受帝君九煉之方

中天玉寶元靈元老君　按雲笈七籤洞元本行經云中天玉寶元靈元老君者本姓晃字信然蓋洞元之裔中和之胄生於善忍世界青元天中流生之丘受生一刧默然不語混沌無心食氣爲糧天地未光無常童子於無色之國授信然靈寶赤書赤帝眞文一篇於是而言是時惟修一身刧不開張廣度天人善功未充運應更滅於青元天中命終流生之州靈體絕丘之下經一百餘年死而不灰常有黃氣覆蓋其上至水流刧行天下溟然靈散四面涌土連天遏塞水道信然應化欝然而起更生成人改性通班諱曰元氏水過之後天地開光三象元曜七元高明元始天尊以開光元年歲在己丑於高桃屬沖龍羅天反魂林中錫元氏玉寶元靈元老君號

赤明天帝　按雲笈七籤洞元本行經云昔禪黎世界隊王有女字維音生乃不言年至十四王怪之乃棄女於南浮長桑之阿空山之中女乏糧食常仰日咽氣引月服精自然充飽體不疲損常行

山中周帀巖洞忽與神人會於丹陵之舍柏林之下執維音右手題赤石之上語維音曰汝雖不能言可憶此也維音私心自悼受生不幸口不能言棄在窮山誓心自願得還人中當作功德無有愛惜百刧之後冀與願會天為其感遣朱宮靈童下教維音理身之術受赤書八字之音於是能言維音晨夕朝禮天文道真既降逆知吉凶役使百靈坐命十方於山而出還於王國時天下大旱人民燋燎王大懼怖祈請神明維音往白王言常聞山中有女不言能感於天王識之乎王於是悟識是王女乃迎女還宮見女能言王見愧顏女顯其道為王仰笑天降洪雨注水至丈於是化形隱景而去仍更寄形王氏之胞運未應轉方又受生還為女身父字以福慶名曰阿丘曾年及人禮乃發大慈之心布施窮乏獨寢一處不雜於物燃燈燒香長齋幽室丹誠感積道為之降以開光元年十方大聖尊神妙行真人會南圍丹霍之阿三元洞室青華林中衆真侍坐香華伎樂五千餘衆真文奕奕光明洞達映朗內外雲景煒爍如星中之月去阿丘曾所住舍數十里中丘曾時年十六見舍光明內外朗照疑似不常乃出南向望見道真丘曾歡喜叉手作禮遙稱名曰丘曾今遭幸會身覩天尊非分之慶莫知所陳歸命十方天中之天惟蒙元鑒賜以誠言萬刧滅度冀得飛仙靡見丘曾心

發大願力過魔界因化作五帝老人往告丘曾云我受十方尊神使命來語汝曰靈寶法興五道方行每欲使人仁愛慈孝恭奉尊長敬承二親如聞汝父當聘汝身已相許和受人之言父母之命不可不從宜先從之人道既備餘可投身違父之教仙無由成女答魔言我前生不幸夙無因緣功德未充致作女身晨夕剋勵誓在一心用意堅固應於自然生由父母命歸十天誠違父教不如君言魔見丘曾執心貞正於是便退丘曾自云道既高邈無緣得暢乃聚柴發火焚燒身形冀形骸得成飛塵隨風自舉得至道前於是火然丘曾投身紛然無著身如蹈空俄頃之間已見丘曾化成男子立在道前元始天尊命南極尊神為丘曾之師授丘曾十戒靈寶眞文元始天尊又告南極尊神曰丘曾前生萬劫已奉靈寶功德未備致寄生轉輪至於今日化生人中見吾由法即得化形當更度人九萬九千乃得至眞大神為洞陽赤明天帝

南極尊神　按雲笈七籤洞元本行經云南極尊神者本姓皇字度明乃閻浮黎國宛王之女也生於禪黎世界赤明天中生乃當貴父為國王女居宮內金牀玉榻七色寶帳明月雙珠光照內外王給伎女數千人國中珍寶無有所乏常欲布散大建功德志極山水訪及神仙遏限宮禁津路無緣

志操不樂心自愁煎王意憐愍慰諭百端問女意故女終不言淚落如雨切無一歡王加其伎樂日日作唱度明聞樂常如不聞獨在一處清淨焚香長齋持戒日中乃餐王知其意乃於宮中爲踊土作山山高百丈種植竹林山上作臺名曰尋眞玉臺度名棄於宮殿登臺棲身遁遏道徑人不得通單影獨宿一十二年積感昊蒼天帝君遣朱宮玉女二十四人乘雲駕鳳下迎度明當去之夕天起大風雨雷電激揚地舍旋轉驚動一國王大振懼莫知所從天曉分光失去山臺不見其女天帝迎度明於陽丘之嶽丹陵上舍相林之中朱鳳侍衛神龍翼軒玉童玉女三百餘人於後大刧數交天地易位度明應在棄落之例南上感其丹至朱宮書其紫名化其形骸於無始之胞一刧而生得爲男身於南丹洞陽上館明珠七色寶林赤帝梵寶昌陽丹靈眞老君錫度明以南極上眞之號

通元天師　按續文獻通考通元天師又名萬法天師初天皇時出以無極大道下教人間

有古大先生　按續文獻通考有古大先生在地皇時出化人以無上正眞之道

鬱華子　按續文獻通考鬱華子伏羲時出授天皇內文一號宛華稱田野子作元陽經

大成子　按續文獻通考大成子伏羲時出降於濟陰授地皇內文教人以好生之道

赤松子　按列仙傳赤松子者神農時雨師也服水玉教神農能入水不濡入火不燒至崑崙山上常止西王母石室中隨風雨上下炎帝少女追之亦得仙俱去至高辛時復爲雨師今之雨師本是焉

廣成子　按莊子在宥篇黃帝立爲天子十九年令行天下聞廣成子在於空同之上故往見之曰我聞吾子達於至道敢問至道之精吾欲取天地之精以佐五穀以養民人吾又欲官陰陽以遂羣生爲之奈何廣成子曰而所欲問者物之質也而所欲官者物之殘也自而治天下雲氣不待族而雨草木不待黃而落日月之光益以荒矣而佞人之心翦翦者又奚足以語至道黃帝退捐天下築特室席白茅閒居三月復往邀之廣成子南首而臥黃帝順下風膝行而進再拜稽首而問曰聞吾子達於至道敢問治身奈何而可以長久廣成子蹶然而起曰善哉問乎來吾語女至道至道之精窈窈冥冥至道之極昏昏默默無視無聽抱神以靜形將自正必靜必清毋勞女形毋搖女精乃可以長生目無所見耳無所聞心無所知女神將守形形乃長生慎女內閉女外多智爲敗我爲女遂於大明之上矣至彼至陽之原也爲女入於窈冥之門矣至彼至陰之原也天地有官陰陽有藏慎

守女身物將自壯我守其一以處其和故我修身千二百歲矣吾形未嘗衰黃帝再拜稽首曰廣成子之謂天矣廣成子曰來余語女彼其物無窮而人皆以爲終彼其物無測而人皆以爲極得吾道者上其皇而下爲王失吾道者上見光而下爲土今夫百昌皆生於土而反於土故余將去女入無窮之門以遊無極之野吾與日月參光吾與天地爲常當我緡乎遠我昏乎人其盡死而我獨存乎

按枕中書廣成丈人今爲鍾山眞人九天仙王漢時四皓仙人安期彭祖今並在此輔焉

卷終

神仙部彙考三

黃帝　按史記五帝本紀黃帝者少典之子姓公孫名曰軒轅生而神靈弱而能言幼而徇齊長而敦敏成而聰明軒轅之時神農氏世衰諸侯相侵伐暴虐百姓而神農氏弗能征於是軒轅乃習用干戈以征不享諸侯咸來賓從而蚩尤最為暴莫能伐炎帝欲侵陵諸侯諸侯咸歸軒轅軒轅乃修德振兵治五氣藝五種撫萬民度四方教熊羆貔貅貙虎以與炎帝戰於阪泉之野三戰然後得其志蚩尤作亂不用帝命於是黃帝乃徵師諸侯與蚩尤戰於涿鹿之野遂禽殺蚩尤而諸侯咸尊軒轅為天子代神農氏是為黃帝天下有不順者黃帝從而征之平者去之披山通道未嘗寧居東至於海登丸山及岱宗西至於空桐登雞頭南至於江登熊湘北逐葷粥合符釜山而邑於涿鹿之阿遷徙往來無常處以師兵為營衛官名皆以雲命為雲師置左右大監監於萬國萬國和而鬼神山川封禪與為多焉獲寶鼎迎日推筴舉風后力牧常先大鴻以治民順天地之紀幽明之占死生之說存亡之難時播百穀草木淳化鳥獸蟲蛾旁羅日月星辰水波土石金玉勞勤心力耳目節用水

火材物有土德之瑞故號曰黃帝黃帝二十五子其得姓者十四人黃帝居軒轅之丘而娶於西陵之女是爲嫘祖嫘祖爲黃帝正妃生二子其後皆有天下其一曰元囂是爲青陽青陽降居江水其二曰昌意降居若水昌意娶蜀山氏女曰昌僕生高陽高陽有聖德焉黃帝崩葬橋山其孫昌意之子高陽立是爲帝顓頊也　按路史後紀黃帝有熊氏姓公孫名荼一曰軒軒之字曰元律小典氏之子黃精之君也母吳樞曰符葆祕電繞斗軒而震二十有四月而生帝於壽丘故名曰軒生而紫氣充房身逾九尺附函挺朶修髯花瘤河目隆顙日角龍顏生而神靈豫而能言幼慧齊長敦敏知幽明生死之故小典氏沒後軒嗣立成爲姬姓并謀兼智明法天明以使民心一四國順之於是開國於熊炎帝氏衰蚩尤惟始作亂赫其火燀以逐帝帝弗能征乃帥諸侯責於后爰暨風后力牧神皇之徒較其徒旅以爲小顯而弭火災得一奉宸乃臨盛水錄龜符納三宮五意之機受八門九江之要衍握奇以爲式故五旗五麾六毒而制其陣年三十七戮蚩尤於中冀於是炎帝諸侯咸進委命乃即帝位都彭城王承填而土行故色尚黃而天下號之黃帝自有熊啟胙故又曰有熊氏其即位也適有雲瑞因以雲紀百官師長俱以雲名乃立四輔三公六卿三少二十有四官凡百二十

官有秩以之共理而視四民命知命糾俗天老錄教力牧準斥鵷冶決法五聖道級闚紀補闕地典州絡七輔得而天地治神明至十有五年帝喜天下之戴己乃養正命娛耳目昏然五情爽惑於是放萬機舍宮寢而肆志於昆臺方明執輿昌寓參乘張若謵朋前馬昆閽滑稽後車風后柏常從負書劍發軔紫宮之中涉洹沙而屆陰浦陟王屋而受丹經登空同而問廣成封東山而奉中華君策大面而禮甯生入金谷而咨涓子心訪大恢於具茨即神牧於相成陸鴻隄受神芝於黃蓋遂盡璽神大明之虛而投玉策於鍾陰自是爨民而不戰四帝共起而謀之邊城日警介胄不釋帝乃焦然歎曰朕之過淫矣君危於上者民不安於下主失其國者其臣再嫁厥病之繇非養寇邪今處民萌之上而四盜起迭震於師何以哉乃正四軍即營壘滅四帝而有天下謂國雖大好戰必亡天下雖平忘戰必危矣以仁義擾以信禮故投之死地而後生知彼知己故亡敵於天下於是以兵為衛內行刀鑣外用水火天目臨四維而巡行句陳并氣而決戰傍行天下未嘗寧居先之德正而後之以威刑必不讓者從而征之是以麾之所擬而敵開戶身五十二戰而天下大服焉乃遂四面廣能賢稽功務法秉數乘剛而都於陳師於大塡學於封鉅赤誦復岐下見岐伯引載而歸訪於治道於是

甲命封胡以為丞鬼容蓲為相刀牧為將而周昌輔之大山稽為司徒庸光為司馬恆先為司空建九法七相翼而下服度猶貝蚩蚩常若備盜豫若天令令人知禁風后善乎伏戲之道以為當天而配上台桓常齊乎地利以為常平於是地獻草木乃述耕種之利奢比辨乎東以為土師而平春種角穀論賢列爵勸耕餘禁伐厲庸光辨乎南以為司徒而正夏種芒穀修馳戒僇發宿藏靜居農以戒力以宛夏功種房穀以應戊己之方大封辨乎西以為司馬玩巽禽種遂穀收穀薦祖組甲厲兵戒什伍以從事后土辨乎北以之李行冬斷罪種稜穀剝箭伐木乃勞農始獵殺帝處中央而政四國分八節以紀農功命天中建皇極乃下教曰聲禁重色禁重香味禁重宮室禁重國亡褒教市亡淫貨地亡曠土宮亡濫士邑亡游民山不童澤不涸是致正道是則官有常職民有常業父子不北恩兄弟不去義夫婦不廢情鳥獸草木不失其長而鰥寡孤獨各有養也於是立貨幣以制國用問於柏高曰吾欲陶天下為一家有道乎對曰請父其莬而時之吾謹逃其爪牙則可矣曰若言可得聞乎曰上有丹研者下有黃銀上有慈石者下有銅金上有陵石下有赤銅青金上有代赭下有鉛鐵上有葱下有銀沙此山之見榮者也至於艾而時之則貨幣於是乎成乃發山林破會藪楚萊沛

以制金刀立五㑅設九棘之利而為輕重之法曰自言能司馬不能者斧社自言能為官不能官者劓以為門故人亡有奸能誣祿而至於君者相任貧為官重門擊柝不能者亦隨之以法所謂李法教而後殺故法設而亡用致五法而布之天下故財用自是作而刀棘繇此顯矣河龍圖發洛龜書威於是正乾坤分離坎倚象衍數以成一代之宜謂土為祥乃重坤以為首所謂歸臧易也故又曰歸臧氏既受河圖得其五要乃設靈臺立五官以叙五事命臾區占星闕苞授規正日月星辰之象分星次象應著名始終相驗於是乎有星官之書浮箭為泉孔壺為漏以考中星命羲和占日偭珥眭適纓紐苞負闕啟亡浮倚儀占月繩九道之側匿糾五精之留疾車區占風道八風以道乎二十四隸首定數以率其羨要其會而律度量衡繇是成焉泠倫造律采解谿之篁斷篁間三寸九分為黃鐘之宮曰含少制十有二箭以之阮隃之下聽鳳之鳴以定其雌乃作玉律以懸候氣薦之宗廟廢治忽以知三軍之消息以正名百物明民共財而定氏族氏定而繫之姓庶姓別於上而戚殫於下婚姻不可以通所以崇倫類遠禽獸也大橈正甲子探五行之情而定之納音風后釋之以致其用而三命行矣察三辰於上迹禍福於下經緯歷數然後天步有常而不

倍命容成作蓋天綜六術以定氣象問於鬼臾蓲曰上下周紀其有數乎對曰天以六節地以五制周天氣者六期爲備終地氣者五歲爲周五六合者歲三十七百二十氣爲一紀六十歲千四百四十氣爲一周太過不及斯以見矣乃因五量治五氣起消息察法歛以作調歷歲紀甲寅日紀甲子立正爻以配氣致褈爻以抵日而時節定是歲己酉朔旦南至而獲神筴得寶鼎冕侯問於鬼容蓲容蓲對曰是謂得天之紀終而復始爰興封禪迎日推筴造十六神歷積邪分以致閏配甲子而設蔀歲七十六以爲紀紀二十而蔀首定之原名據先率二十而冬至復朔凡二十推三百八十年而筴定然後時惠而辰從於是始有天地神民事物之官各司其序俾不相亂民是以能有忠信神是以能有明德民神異業敬而不瀆故神降之嘉生(缺)本次分范十有二鏡六乳四獸變異得以占焉受祥金隱耀神鐘九乳神光玉聲於赤城乃本陰陽察風聲命榮猨鑄十二鐘以協月筩以詔英韶調政之緩急分五聲以正五鐘令其五鐘以定五音伶倫造聲以諧八音五音調以立天時八音交以正人位人天調而天地之美生矣命大容作承雲之樂是爲雲門大卷著之椌楬以道其龢中陽之月乙卯之辰日在奎而奏之弛張合施動靜毗節是故翕純皦繹聲而聽嚴五降之後而不彈矣

今曰咸池乃廣宮室壯堂廡高棟深宇以避風雨作合宮建鑾殿以祀上帝接萬靈以采民言四阿反坫種亢種卽庫臺設移旅楹複格內階幽陛提唐山廧樀幹惟工斵其材而礱之乃命甯封爲陶正赤將爲木正以利器用命揮作蓋弓夷牟造矢以備四方岐伯作鼓吹鐃角靈鞞神鉦以揚德建武厲士風敵而威天下重門擊柝備不速客命邑夷法斗之周旋魁方標直以攜龍角爲帝車大輅故曲其輈紹大帝之衞於是崇牙交旂羽擲懸猾櫑劍華蓋屬車副乘記里司馬以備道哄命馬師皇爲牧正臣胲服牛始駕而僕蹻之御全矣法乾坤以正衣裳制衮冕設斧黻深衣大帶屝屨赤舄元衣纁裳絓纊黈旒以規眎聽之逸房觀翬翟草木之花染爲文章以明上下之褻襟衣褕屐以爲內服故於是有袞龍之頌端韠瑞以奉天委珩牙以娛武是以衣裳所在而兇惡不起謂附於身者必誠必信乃飾棺衾以送死封崇表木以當大事創豐假設鬱律說青烏記白澤以除民害而民宜之於是吉凶喪葬靡不備也乃命沮誦作（缺）書孔甲爲史執青纂記言動惟實天下已治百令具舉猶且卹然神藥形茹用作戒於丹書曰施舍在心平不幸乃弗關過禍福在所密存亡在所用下匿其私用試其上上操度量以制其下上下一日百戰故作巾几之銘曰毋弇弱毋俷德毋違同毋敖

禮毋謀非德毋犯非義又著瑞書曰敬勝怠者吉怠勝敬者滅義勝欲者從欲勝義者凶凡事不彊則枉不敬則不正枉者滅廢敬者萬世乃命史甲作戒盤盂籩豆奩鏡劍履輿席市杖戶牖弓矛一著銘詩以獮縫其闕惟口起兵惟動得咎乃爲金人三緘其口而銘其背曰古之慎言人也夙夕念治雅然自克是以功高業廣而亡遁事於是親事法宮觀八極而建五常謂人之生也負陰而抱陽食味而被色寒暑盪之外喜怒攻之內夭昏凶札君民代有乃上窮下際察五氣立五運洞性命紀陰陽極咨於岐雷而內經作謹候其時著之玉版以藏靈蘭之室演倉穀推賊曹命俞跗岐伯雷公察明堂究息脈謹候其時則可萬全命巫彭桐君處方盄餌湔瀚刺治而人得以盡年命西陵氏勸蠶稼月大火而浴種夫人副褘而躬桑乃獻繭絲遂稱織維之功因之廣織以給郊廟之服祀天圜丘牲玉取蒼祀地方澤牲玉取黃築壇除墠設醪醴制蘭蒲列圭玉而薦之七登之牀十絕之帳奏函夾之宮以致之而禓禮乎靜宮立五祀作其祝嘏咸以數薦而山川之典禮爲多命共鼓化狐作舟車以濟不通命豎亥通道路正里候命風后方割萬里畫野分疆得小大之國萬區而神靈之封隱爲命匠營國國中九經九緯五闠而有市市有館以俟朝聘之需訛左右太監監於萬國侯牧攷

獻而朝聘之事備茄豐達命於是刑而放之而萬國服經土設井以塞爭端立步制畮以防不足八家以爲井井設其中而收之於邑故十利得辨九地立什一存亾相守有無相欆是以情性可得而親生產可得而均分之於井計之於州因所利而勸之是以地著而數詳置法而不變俾民得以安其法是以不使而成不匱而止策天命而治天下故天報眉壽德澤深故後世子孫皆以有土黃祚衍於天下於今未忘也自卽位百年履地戴天術機提象不就物不違害不善求不緣道法中宿而要繆乎太祖之下職道義經天地別雌雄等貴賤不使不仁者加乎天下故用武勝殘而百姓以濟紀人倫叙萬物以信與仁爲天下先是故法令明而上下亡尢不章功不揚名隱眞人之道以從天地之固然故物忘怨欲之心而人亡爭傾之患耕父推畔道不拾遺狗彘吐菽粟而城郭不閼人保命而不夭歲時熟而亡凶天地休通五行期化故風雨時節而日月精明星辰不失其行蓂莢屈軼紫房賴堥史不廢書海不揚波山不愛寶翠黃伏㮇玆白鸞皐焦明囉阿而龍麟擾於階除日蟠虹螾馬蛄牛蟻黃神黃爵白澤解廌府亡虛日是以九瀛仰化諸北貢職楊裘種圖貫匈長股奚不來庭而依朔乃撫萬靈度四方乘龍而四巡東薄海禪凡山西逾隴欵軒屯南入江內沙熊湘北屆滓

碣南臨元扈乃開東苑祓中宮詔羣神授見者齋心服形以先爲作清角樂大合而樂之鳴鶴翱翔鳳凰蔽日於是合符於釜山以觀其會采首山之銅鑄三鼎於荊山之陽以象泰乙能輕能重能濟能行存亡是讖吉凶可知武豹百物爲之賑火參鑪八月既望鼎成死爲葬上郡陽周之橋山其臣左徹感思取衣冠几杖而廟像之率諸侯而朝焉七年而立子年百十有七或云三百宰予以問於孔子子曰人賴其利百年用其教百年威其神百年曰三百年也　按雲笈七籤軒轅黃帝姓公孫有熊國君少典之次子也其母西喬氏女名附寶瞑見大電光繞北斗樞星照於郊野附寶感之而有娠以樞星降又名曰天樞懷之二十四月生軒轅於壽丘帝生而神靈幼而徇齊弱而能言長而敦敏成而聰明龍顏日角河目隆顙蒼色大肩始學於大項長於姬水帝年十五心慮無所不通乃受國於有熊襲封君之地以制作軒冕乃號軒轅以土德王曰黃帝得蒼龍辨乎東方得祝融辨乎南方得火封辨乎西方西之半也得后土辨乎北方帝娶西陵氏於大梁曰嫘祖爲元妃生二子元囂昌意初喜天下之戴己也養正娛命自取安而順之爲鴻黃之代以一民也時人未使而自化未賞而民勸其心愉而不僞其事素而不飾謂之太清之始也耕者不侵畔漁者不爭岸抵市不預

價商旅之人相讓以財外戶不閉是謂大同帝理天下十五年之後憂念黎庶之不理竭聰明進智力以營百姓具修德也考其功德而務其法教時元妃西陵氏始養蠶爲絲乃有天老五聖以佐理化帝取伏羲氏之卦象法而用之據神農所重六十四卦之義帝乃作八卦之說謂之八索求其重卦之義也時有臣曹胡造衣臣伯余造裳臣於則造履帝因之作冠冕始代毛革之弊所謂黃帝垂衣裳而天下理也帝因以別尊卑令男女異處而居取法乾坤天尊地卑之義帝見浮葉方爲舟卽有共鼓化狄三臣助作舟楫所謂刳木爲舟剡木爲檝也以取諸渙渙散也物大通也所以濟不通也帝又觀轉蓬之象以作車時有神馬出生澤中因名澤馬一曰吉光又曰吉良出大封國文馬縞身朱鬣乘之壽千歲以聖人爲政應而出又有騰黃神獸其色黃狀如狐背上有兩角龍翼出日本國壽二千歲黃帝得而乘之遂周旋六合所謂乘八翼之龍遊天下也故遷徙往來無常帝始教人乘馬有臣胲作服牛以用之世本云所謂服牛乘馬引重致遠以取諸隨得隨所宜也有臣黃雍父始作舂所謂斷木爲杵掘地爲臼以濟萬人取諸小過也小過者過而通也帝作竈以著經始令鑄釜造甑乃烝飯而烹粥以易茹毛飲血之弊有臣揮始作弓臣夷牟作矢所謂弦木爲弧剡木爲矢

也弧矢之利以威天下取諸睽睽乖也制不順也帝始作屋築宮室以避寒暑燥濕謂之宮室言處於中也所謂上棟下宇以待風雨取諸大壯大者壯也帝又令築城邑以居之始改巢居穴處之弊又重門擊柝以待暴客以取諸豫備不虞也又易古之衣薪葬以棺槨以取諸大過也帝服齋於中宮於洛水上坐元扈石室與容光等觀忽有大鳥銜圖置於帝前帝再拜受之是鳥狀如鶴而雞頭鷰喙龜頸龍形駢翼魚尾體備五色三文成字首文曰慎德背文曰信義膺文曰仁智天老曰是鳥麟前鹿後蛇頸背有龍文足履正尼翼武有九苞一口包命二心合度三耳聰達四舌屈伸五采色備六冠距銳鉤七金目鮮明八音激揚九腹大一名鷗其雄曰鳳其雌曰凰高五六尺朝鳴曰登晨晝唱曰上祥夕鳴曰歸昌昏鳴曰固常夜鳴曰保長皆應律呂見則天下安寧黃帝曰是鳥遇亂則去居九夷矣出於東方君子之國又出丹穴之山有巨沮頌蒼頡觀鳥跡以作文字此文字之始也黃帝修德義天下大理乃召天老謂之曰吾夢兩龍挺白圖出於河以授予敢問於子天老對曰此河圖洛書將出之象天其授帝乎試齋戒觀之黃帝乃齋於中宮衣黃服戴黃冕駕黃龍之乘載交龍之旂與天老五聖遊於河洛之間求夢未得帝遂沉璧於河乃大霧三日又至翠嬀之泉有大鱸

魚於河中泝流而至殺三牲以醮之即甚雨七日七夜有黃龍負圖而出於河黃帝謂天老五聖曰子見河中者乎天老五聖乃前跪受之其圖五色畢具白圖蘭葉而朱文以授黃帝乃舒示之名曰綠錯圖令侍臣寫之以示天下黃帝曰此為河圖書是歲之秋也帝既得龍鳳之圖書蒼頡之文即制文章始代結繩之政以作書契蓋取諸夬夬決也決斷萬事於是黃帝定百物之名作八卦之說謂之八索一號帝鴻氏一號歸藏氏乃名所制曰歸藏書此易之始也黃帝垂衣裳之後作龍袞之服畫日月星辰於衣上以象天故有龍袞之頌帝納女節為妃其後女節見大星如虹下臨華渚女節感而接之生少皞帝又納醜女號嫫母使訓宮人而有淑德奏六德之頌又納費修氏為夫人是時庶民甘其食美其服樂其俗安其居無羨欲之心鄰國相望雞犬之音相聞至老而不相往來無求故也所謂黃帝理天下便民心謂之至理之代是時風不鳴條謂之天下之喜風也雨不破塊謂十日一小雨應天下文十五日一大雨以叶運也以嘉禾為糧謂大禾也其穗異常以醴泉為漿謂泉水味美如酒可以養老也以五芝為芳謂有芝草生於圃皆神僊上藥時有水物洋滿山車滿野於是德感上天故有黃星之祥謂之異星形狀似月助月為光名曰景星又有赤方氣與青方氣相

連赤方中有二星青方中有一星凡三星又有異草生於庭月一日生一葉至十五日生十五葉至十六日一葉落至三十日落盡若小月卽一莢厭而不落謂之蓂莢以明於月也亦曰曆莢帝因鑄鏡以象之爲十五面神鏡寶鏡也於時大橈能探五行之情占北斗衡所指乃作甲乙十干以名日立子丑十二辰以名月以鳥獸配爲十二辰屬之以成六旬謂造甲子也黃帝觀伏羲之三畫成卦八卦合成二十四氣卽作紀曆以定年也帝敕大橈以爲師因每方配三辰立孟仲季自是有陰陽之法焉黃帝聞之乃服黃衣帶黃紳首莫冠齋於中宮卽有鳳凰蔽日而至帝乃降階東面再拜稽首曰天降丕祐敢不承命鳳乃止帝東園集於梧桐又巢於阿閣非竹實不食非醴泉不飲其飲也則自鳴舞音如笙簫帝卽使伶倫往大夏之西阮榆之谿崑崙之陰嶰谷採鍾龍之竹取其竅厚均者斷兩節間三寸七分吹之爲黃鍾之音以本至理之代天地之風氣所謂黃帝能理日月之行調陰陽之氣爲十二律呂雌雄各六也時有女媧之後容成氏善知音律始造曆律元起辛卯又推冬至日在之星又問天老得天元日月星辰之書天文刻漏之書以紀時有臣隸首善算法始作數藉算術焉臣伶倫作權量黃帝得蚩尤始明乎天文帝又獲寶鼎乃迎日推策於是順天地之紀旁羅

日月星辰作蓋天儀測元象推分星度以二十八宿爲十二次角亢爲壽星之次房心爲大火之次箕斗爲析木之次牛女爲星紀之次虛危爲元枵之次室壁爲諏訾之次奎婁爲降婁之次昴畢爲大梁之次觜參爲實沈之次井鬼爲鶉首之次星張爲朱火之次翼軫爲鶉尾之次立中外之星作占日月之書此始爲觀象之法也皆自河圖而演之又使羲和占日常儀占月鬼臾區占星帝作占候之法占日之書以明休咎焉黃帝有茂德感眞人來遊玉池至德所致也有瑞獸在囿元枵之獸也尙書中候云麋身牛尾狼蹄一角角端有肉示不傷物也音中黃鍾文章彬彬然牝曰麒牡曰麟生於火遊於土春鳴曰歸不夏鳴曰扶幼秋冬鳴曰養信帝又得微蟲蛣蠰有大如羊者大如牛者蟲名螾大如虹者應土德之王也有獸名蟋如獅子食虎而常近人或入室人畏而患之帝乃上奏於天徙之北荒帝以景雲之瑞慶雲之祥卽以雲紀官官以雲爲名故有縉雲之官於是設官分職以雲命官春爲青雲官夏爲縉雲官秋爲白雲官冬爲黑雲官帝以雲爲師也是時炎帝之裔姜姓者也縉雲帝之祥雲其雲非雲非煙非紅非紫又以帝煉丹於婺州縉雲之堂有此祥雲也帝置四史官令沮誦蒼頡隸首孔甲居其職主圖籍也又令蒼頡主人儀孔甲始作盤盂以代凹樽坯飲

之樸著盤盂篇盤盂之誡也帝作巾几之法以著經黃帝書中通理黃帝史謂之墳墳大也有臣史王始造書又濟南人公玉帶上黃帝明堂圖有複道上有樓從西南入此樓之始也帝依圖制之曰合宮可以觀其行也乃立明堂之議以觀於賢也有時仙伯出於岐山下號岐伯善說草木之藥性味爲大醫帝請主方藥帝乃修神農所嘗百草性味以理疾者作內外經又有雷公述炮炙方定藥性之善惡扁鵲俞附二臣定脈經療萬姓所疾帝與扁鵲論脈法撰脈書上下經帝問岐伯脈法又制素問等書及內經帝問少俞鍼注乃制鍼經明堂圖灸之法此鍼藥之始也黃帝理天下始以中方之色稱號初居有熊之國曰有熊帝不好戰爭當神農之八代榆罔始衰諸侯相侵以黃帝稱中方故四方僭號亦各以方色稱僉共謀之遊城曰駭黃帝乃罷邃榭之役省靡麗之財周戎士築營壘帝問於首陽山令採首山之金始鑄刀造弩有於東海流波山得奇獸狀如牛蒼身無角一足能出入水吐水則生風雨光如日月其音如雷名曰夔牛帝令殺之以其皮冒之以爲鼓以擊之聲聞五百里帝令軍人吹角爲龍鳴此鼓角之始也於是又令作蹴踘之戲以練武士黃帝云日中必熭操刀必割狂屈豎聞之曰黃帝知言也帝有天下之二十有二年忽有蚩尤氏不恭帝命諸侯中强

暴者也兄弟八十人並獸身人語銅頭鐵額不食五穀啗沙吞石不用帝命作五虐之刑以害黎庶於萬盧山發金作冶制爲鎧甲及劍造立兵仗刀戟大弩等威震天下不順帝命帝欲伐之徵諸侯一十五旬末剋敵思念賢哲以輔佐將征不義乃夢見大風吹天下塵垢又夢一人執千鈞之弩驅羊數萬羣覺而思曰風號令執政者也垢去土解化清者也天下當有姓風名后者夫千鈞之弩異力能遠者也驅羊萬羣是牧人爲善者也豈有姓力名牧者乎帝作此二夢及前數夢龍神之驗即作占夢之書令依二夢求其人得風后於海隅得力牧於大澤即舉風后以理民初爲侍中後登爲相力牧以爲將此將相之始也以大鴻爲佐理於是順天地之紀幽明之數生死之說是謂帝之謀臣也帝問張若謀敵之事張若曰不如力牧能於推步之術著兵法十三卷可用之乃習其干戈以征弗享始制三公之職以象三台風后配上台天老配中台五聖配下台黃帝於是取合己者四人謂之四面而理時獲寶鼎迎日推策又得風胡爲將作五牙旗及烽火戰攻之具著兵法五篇又以神皇爲將帝之夫人費修之子爲太子好張羅及弓矢以爲大將謂之撫軍大元帥爲王前敵張若力牧爲行軍左右別乘以容光爲大司馬統六師兼掌邦國之九法又以左右大監監於萬國臣龍

紆者有勇有義亦爲將帝之行也以師兵爲營衛乃與榆罔合謀共擊蚩尤帝以玉爲兵帝服黃冕駕象車交六龍太丙太乙爲御戰交龍之旗張五牙綵旗引之以定方位東方青牙旗餘各依方色帝之行也常有五色雲氣狀金枝玉葉止於帝上如葩華之象帝因令作華蓋黃帝卽與蚩尤大戰於涿鹿之野帝未克敵蚩尤作百里大霧彌三日帝之軍人皆迷惑乃令風后法斗機作指南車以別四方帝乃戰未勝歸太山之阿慘然而寐夢見西王母遣道人披元狐之衣以符授帝曰太乙在前天乙在後得之者勝戰則剋矣帝覺而思之未悉其意卽召風后告之后曰此天應也戰必剋矣置壇祈之帝依以設壇稽首再拜果得符廣三寸長一尺青色以血爲文卽佩之仰天歎所未捷以精思之感天大霧冥冥三日三夜天降一婦人人首鳥身帝見稽首再拜而伏婦人曰吾元女也有疑問之帝曰蚩尤暴人殘物小子欲萬戰萬勝也元女敎帝三宮祕略五音權謀陰陽之術元女傳陰符經三百言帝觀之十旬討伏蚩尤授帝靈寶五符眞文及兵信符帝服佩之滅蚩尤又令風后演河圖法而爲式用之創十八局名曰遁甲以推主客勝負之術黃帝又著十六神曆推太乙六壬等法又述六甲陰陽之道作勝負握機之圖及法要訣黃帝兵法三卷河圖出軍訣稱黃帝得王母

兵符又有出軍大帥年命立成各一卷太乙兵曆一卷黃帝出軍新用訣一十二卷黃帝夏氏占兵氣六卷黃帝十八陣圖二卷黃帝問元女之法三卷風后孤虛訣二十卷務成子元兵災異占十四卷鬼臾區兵法三卷圖一卷黃帝於是納五音之策以審攻戰之事復率諸侯再伐蚩尤於冀州蚩尤率魑魅魍魎請風伯雨師從天大風而來命應龍蓄水以攻黃帝黃帝請風伯雨師及天下女祆以止雨於東荒之地北隅諸山黎土羌兵驅應龍以處南極殺蚩尤與夸父不得復上故其下旱所居皆不雨蚩尤乃敗於顧泉遂殺之於中冀其地因名絕轡之野既擒殺蚩尤乃遷其庶類善者於鄒屠之鄉其惡者以木械之帝令畫蚩尤之形於旗上以厭邪魅名蚩尤旗殺蚩尤於黎山之丘擲械於大荒之中宋山之上其械後化為楓木之林所殺蚩尤身首異處帝閔之令葬其首冢於壽張其肩髀冢在山陽其髀冢在鉅鹿收得蚩尤兵書行軍祕術一卷蚩尤兵法二卷黃帝都於涿鹿城黃帝又與榆罔爭天下榆罔恃神農帝之後故爭之黃帝始以鵰鶡鷹鸇一云隼之羽為旗幟以熊羆貙虎為前驅戰於阪泉之野三戰而後尅之帝又北逐獯鬻之戎諸侯有不從者帝皆率而征之凡五十二戰天下大定帝以伐叛之功始令岐伯作車樂鼓吹謂之簫鐃歌以為軍之警衛棡鼓曲

靈夔吼鵰鶚爭石隧崖壯士怒元雲朱鷺等曲所以揚武德也謂之凱歌於是諸侯咸尊軒轅為天子帝以己酉歲立承神農之後火生土帝以土德稱王天下號黃帝位居中央臨制四方帝破山通道未嘗寧居令風后負鹿書伯常荷劍旦出流沙夕歸陰浦行萬里而一息反涿鹿之阿帝又試百神而朝之帝問風后予欲知河所泄對曰河凡有五皆始於崑崙之墟黃河出於崑崙山東南腳下即其一也帝令豎亥步自東極至於西極得五億十選九千八百八步南北二億三萬一千三百里豎亥左手把算右手指青丘北東盡泰遠西窮邠國東西得二萬八千里南北得二萬六千里黃帝始畫野分州令百郡大臣授德教者先列珪玉於蘭蒲席上使舂雜寶為屑以沉榆之膠和之為泥以分土別尊卑之位與華戎之異帝旁行天下得百里之國者萬區所謂首出庶物萬物咸寧有青烏子能相地理帝問之以制經帝又問地老說五方之利害時有瑞草生帝庭名屈軼佞人入則指之是以佞人不敢進時外國有以神獸來進名獬豸如鹿一角置於朝不直之臣獸即觸之帝問食何物對曰春夏處水澤秋冬處松竹此獸兩目似熊容成子有道知律者女媧之後初為黃帝造律曆元起辛卯至此時造笙以象鳳鳴素女於廣都來教帝以鼓五十絃瑟黃帝損之為二十五絃其

瑟長七尺二寸伏羲置琴女媧和之黃帝之琴名號鍾作清角之弄帝始制七情行十義之教七情者喜怒哀樂懼惡欲七情也十義者君仁臣忠父慈子孝兄良弟悌夫義婦聽長惠幼順十義也帝制禮作樂之始也黃帝書說東海有度索山或曰度朔山譌呼也山有神荼鬱壘神能禦凶鬼爲百姓除患制驅儺之禮以象之帝以容成子爲樂師帝作雲門大卷咸池之樂乃張樂於洞庭之野北門成曰其奏也陰陽以之和日月以之明和風俗也黃帝將會神靈於西山之上乃駕象車六交龍畢方並轄蚩尤居前風伯進掃雨師灑道鳳凰覆上乃到山大合鬼神帝以號鐘之琴奏清角之音謂崙崑山之靈封致豐大之祭以詔後代斯封禪之禮也於時崑崙山北玉山之神人乃西王母太陰之精天帝之女也人身虎首豹尾蓬頭戴勝顥然白首善嘯石城金臺而穴居坐於少廣之山有三青鳥常取食此神人西王母也慕黃帝之德乘白鹿來獻白玉環又有神人自南來乘白鹿獻圖帝德至地積圖乃出黃帝習樂以舞衆神又感元鶴二八翔舞左右帝於西山嘗木果味如李狀如棠華赤無核因名沙棠食之禦水不溺帝立臺於沃人國西王母之山名軒轅臺帝乃休於冥伯之丘崑崙之墟帝遊華胥國此國神仙國也帝往天毒國居之因名軒轅國帝又西至窮山女子國北

又復遊逸於崑崙宮赤水北及南望還歸而遺其元珠使明目人離婁求之不得使罔象求而得之後爲蒙氏之女奇相氏竊其元珠沉海去爲神帝巡狩東至海登桓山於海濱得白澤神獸能言達於萬物之情因問天下鬼神之事自古精氣爲物遊魂爲變者凡萬一千五百二十種白澤言之帝令以圖寫之以示天下帝乃作祝邪之文以祝之帝周遊行時元妃嫘祖死於道帝祭之以爲祖神令次妃嫫母監護於道以時祭之因以嫫母爲方相氏黃帝以天下大定符瑞並臻乃登封太山禪於亭亭山又禪於几几山勒功於喬嶽作下時以祭炎帝以觀天文察地理爲宮室制衣服候氣律造百工之德故天授輿服斧鉞華蓋羽儀天神之丘黃帝著軒輿之銘帝以事周畢即推律定姓紀鍾甄磬帝之四妃生二十五子得姓者十二人姬酉祈己滕箴任荀僖詰旋依黃帝九子各封一國元妃嫘祖生二子元囂昌意並不居帝位元囂得道爲北方水神昌意娶蜀山氏之女生顓頊居帝位即黃帝嫡孫也號高陽氏摯字青陽即帝位號金天氏黃帝之小子也少昊後有子七人顓頊時以其一子有德業高陽帝賜姓曼氏餘不閑黃帝以天下既理物用具備乃尋眞訪隱問道求仙冀獲長生久視所謂先理代而後登仙者也時有甯子爲陶正有神人過教火法出五色煙能隨之上

下道成仙去往流沙之所食飛魚暫死二百歲更生作沙頭頌曰青蕖灼爍千載舒萬齡暫死餌飛魚有務光子者身長八尺七寸神仙者也有赤蔣子與不食五穀噉百花而長年有容成公善補導之術守生養氣谷神不死能使髮白復黑齒落復生黃帝慕其道乃造五城十二樓以候神人卽訪道遊華山首山東之泰山時致怪物而與神仙通接神人於蓬萊回乃接萬靈於明庭京兆仲山甘泉寒門谷口黃帝於是祭天圜丘將求至道卽師事九元子以地皇元年正月上寅日齋於首山復周遊以訪眞道令方明爲御昌宇驂乘張若謵廖道焉昆閽滑稽從車而至襄城之野七聖俱迷見牧馬童子黃帝問曰爲天下若何小童曰理天下何異牧馬去其害馬而已黃帝稱天師而退至於圜丘其國有不死樹食其子與葉人皆不死有丹巒之泉飲之而壽有巨蛇害人黃帝以雄黃却逐之其蛇留一時而返帝令三子習服之皆壽三百歲北到洪隄上具茨山見大隗君又見黃蓋童子受神芝圖七十二卷適中岱見黃子中受九茄之方登崆峒山見廣成子問至道廣成子不答帝退捐天下築特室藉白茅閒居三月方往再問修身之道乃授以自然經一卷黃帝捨帝王之尊說猳豚之文登雞山陟王屋山開石函發玉笈得九鼎神丹注訣南至江登熊湘山往天台山受金液神

丹東到青丘山見紫府先生受三皇內文大字以劾召萬神南至五芝元澗登圜壟陵建木觀百靈所登降采若乾之芝飲丹巒之水南至青城山禮謁中黃丈人乃問登雲臺山見甯先生受龍蹻經問眞一之道皇人曰子既居海內復欲求長生不死不亦貪乎頻相反覆而復受道郎中黃眞人黃帝拜謝訖東過廬山爲使者以次青城丈人也廬山使者秩比御史主總仙官之道是五嶽監司也又封潛山君爲九天司命主生死之錄黃帝以四嶽皆有佐命之山而南嶽孤特無輔乃章詞三天太上道君命霍山爲儲君命潛山爲衡嶽之副以成之時參政事以輔佐之帝乃造山躬寫形像以爲五嶽眞形之圖黃帝往煉石於縉雲堂於地煉丹時有非紅非紫之雲見是曰縉雲因名縉雲山帝藏兵法勝負之圖六甲陰陽之書於苗山黃帝合符瑞於釜山得不死之道奉事太一元君受要記修道養生之法於元女素女受房中之術能御三百女元女授帝如意神方即藏之崆峒山帝精推步之術於山稽力牧著體詡之訣於岐伯雷公講占候於風后先生救傷殘綴金冶之事故能秘要窮盡道眞也黃帝得元女授陰符經義能內合天機外合人事帝所理天下南及交趾北至幽陵西至流沙東及蟠木帝欲棄天下曰吾聞在宥天下不聞理天下我勞天下久矣將息駕於元圃以

返吾眞矣黃帝修興封禪禮畢采首山之銅將鑄九鼎於荊山之下以象太一於雍州是鼎神質文精也知吉知凶知存知亡能輕能重能息能行不灼而沸不汲自滿中生五味眞神物也黃帝煉九鼎丹服之逮至鍊丹成後以法傳於元子此道至重盟以誡之帝以中經所紀藏於九嶷山東號委羽承以文玉覆以磐石其書金簡玉字黃帝之遺讖也帝又以所佩靈寶五符眞文書金簡一通封於鍾山一通藏於宛委之山帝嘗以金鑄器皆有名題上古之字也以記年月或有詞也時有薰風至神人集成厯代之志即留冠劍珮舄於鼎湖極峻處崐臺之上立館其下崑崙山之軒轅臺也時有馬師皇善醫馬有通神之妙有龍下於庭伏地張口閉目師皇視之曰此龍病求我醫也師皇乃引鍼於龍口上下以牛乳煎甘草灌之龍病愈師皇乘此龍仙去黃帝聞之自擇日十云還宅昇仙之日得戊午果有龍來垂胡髯下迎黃帝乃乘龍與友人無爲子及臣僚等從上七十二人同去小臣不得上者將龍髯拔墮髯及帝之弓小臣抱其弓與龍髯而號泣弓因曰烏號鑄鼎之地後曰鼎湖其後有臣左徹削木爲黃帝像率諸侯朝奉之臣僚追慕靡所措思或取几杖立廟而祭或取衣冠置墓而守是以有喬山之冢黃帝曾遊處皆有祠五百年後喬山墓崩惟劍與赤舄在焉一旦亦

失黃帝居代總百一十一年在位一百年自上仙後昇天爲太一君其神爲軒轅之宿在南宮黃龍之體象後來享之列爲五帝之中方君也以配天黃帝土德居中央之位以主四方以鎭星配爲子名樞紐之神爲佐配享於黃帝

老子　按史記本傳老子者楚苦縣厲鄉曲仁里人也姓李氏名耳字伯陽謚曰聃周守藏室之史也孔子適周將問禮於老子老子曰子所言者其人與骨皆已朽矣獨其言在耳且君子得其時則駕不得其時則蓬累而行吾聞之良賈深藏若虛君子盛德容貌若愚去子之驕氣與多欲態色與淫志是皆無益于子之身吾所以告子若是而已孔子去謂弟子曰鳥吾知其能飛魚吾知其能游獸吾知其能走走者可以爲罔游者可以爲綸飛者可以爲矰至于龍吾不能知其乘風雲而上天吾今日見老子其猶龍邪老子脩道德其學以自隱無名爲務居周久之見周之衰迺遂去至關關令尹喜曰子將隱矣彊爲我著書于是老子迺著書上下篇言道德之意五千餘言而去莫知其所終或曰老萊子亦楚人也著書十五篇言道家之用與孔子同時云蓋老子百有六十餘歲或言二百餘歲以其脩道而養壽也自孔子死之後百二十九年而史記周太史儋見秦獻公曰始秦與周

合而離離五百歲而復合合七十歲而霸王者出焉或曰儋即老子或曰非也世莫知其然否老子隱君子也老子之子名宗宗爲魏將封於段干宗子注注子宮宮元孫假假仕於漢孝文帝而假之子解爲膠西王卬太傅因家於齊焉世之學老子者則絀儒學儒學亦絀老子道不同不相爲謀豈謂是耶李耳無爲自化清靜自正　按孔子家語孔子謂南宮敬叔曰吾聞老聃博古知今通禮樂之原明道德之歸則吾師也今將往矣對曰謹受命遂言於魯君曰臣受先臣之命云孔子聖人之後也滅於宋其祖弗父何始有國而授厲公及正考父佐戴武宣三命茲益恭故其鼎銘曰一命而僂再命而傴三命而俯循牆而走亦莫余敢侮饘於是粥於是以餬其口其恭儉也若此臧孫紇有言聖人之後若不當世則必有明君而達者焉孔子少而好禮其將在矣屬臣曰汝必師之今孔子將適周觀先王之遺制考禮樂之所極斯大業也君盍以乘資之臣請與往公曰諾與孔子車一乘馬一匹豎子侍御敬叔與俱至周問禮於老聃訪樂於萇弘歷郊社之所考明堂之則察廟朝之度於是喟然曰吾乃今知周公之聖與周之所以王也及去周老子送之曰吾聞富貴者送人以財仁者送人以言吾雖不能富貴而竊仁者之號請送子以言乎凡當今之士聰明深察而近於死者

好譏議人者也博辯閎達而危其身好發人之惡者也無以有己爲人子者無以惡己爲人臣者孔子曰敬奉教自周返魯道彌尊矣遠方弟子之進蓋三千焉　孔子見老聃而問焉曰甚矣道之於今難行也吾比執道而今委質以求當世之君而弗受也道於今難行也老子曰夫說者流於辯聽者亂於辭如此二者則道不可以忘也　按國語幽王三年西周三川皆震伯陽父曰周將亡矣夫天地之氣不失其序若過其序民之亂也陽伏而不能出陰迫而不能烝於是有地震今三川實震是陽失其所而陰震也陽失而在陰川源必塞夫水土演而民用也水土無演民乏財用不亡何待昔伊洛竭而夏亡河竭而商亡今周德若二代之季矣其川源又塞塞必竭夫國必依山川山崩川竭亡之徵也川竭山必崩若國亡不過十年數之紀也夫天之所棄不過其紀是歲三川竭岐山崩十年幽王乃滅周乃東遷　按莊子德充符篇無趾語老聃曰孔丘之於至人其未耶彼何賓賓以學子爲彼且蘄以諔詭幻怪之名聞不知至人之以是爲己桎梏邪老聃曰胡不直使彼以死生爲一條以可不可爲一貫者解其桎梏其可乎無趾曰天刑之安可解　應帝王篇陽子居見老聃曰有人於此嚮疾強梁物徹疏明學道不勌如是者可比明王乎老聃曰是於聖人也胥易技係

勞形怵心者也且也虎豹之文來田猨狙之便執斄之狗來藉如是者可比明王乎陽子居蹙然曰敢問明王之治老聃曰明王之治功蓋天下而似不自已化貸萬物而民弗恃有莫舉名使物自喜立乎不測而游於無有者也

在宥篇崔瞿問於老聃曰不治天下安臧人心老聃曰汝愼無攖人心人心排下而進上上下囚殺淖約柔乎剛强廉劌彫琢其熱焦火其寒凝冰其疾俛仰之閒而再撫四海之外其居也淵而靜其動也縣而天僨驕而不可係者其唯人心乎昔者黃帝始以仁義攖人之心堯舜於是股無胈脛無毛以養天下之形愁其五藏以爲仁義矜其血氣以規法度然猶有不勝也堯於是放讙兜於崇山投三苗於三峗流共工於幽都此不勝天下也夫施及三王而天下大駭矣下有桀跖上有曾史而儒墨畢起於是乎喜怒相疑愚知相欺善否相非誕信相譏而天下衰矣大德不同而性命爛漫矣天下好知而百姓求竭矣於是乎釿鋸制焉繩墨殺焉椎鑿決焉天下脊脊大亂罪在攖人心故賢者伏處大山嵁巖之下而萬乘之君憂慄乎廟堂之上今世殊死者相枕也桁楊者相推也刑戮者相望也而儒墨乃始離跂攘臂乎桎梏之閒噫甚矣哉其無愧而不知耻也甚矣吾未知聖知之不爲桁楊椄槢也仁義之不爲桎梏鑿枘也焉知曾史之不爲桀跖嚆

矣也故曰絕聖棄知而天下大治　天地篇夫子問於老聃曰有人治道若相放可不可然不然辯者有言曰離堅白若縣寓若是則可謂聖人乎老聃曰是胥易技係勞形怵心者也執狸之狗成思猨狙之便自山林來丘予告若而所不能聞與而所不能言凡有首有趾無心無耳者衆有形者與無形無狀而皆存者盡無其動止也其死生也其廢起也此又非其所以也有治在人忘乎物忘乎天其名為忘己忘己之人是之謂入於天　天道篇孔子西藏書於周室子路謀曰由聞周之徵藏史有老聃者免而歸居夫子欲藏書則試往因焉孔子曰善往見老聃而老聃不許於是繙十二經以說老聃中其說曰太謾願聞其要孔子曰要在仁義老聃曰請問仁義人之性邪孔子曰然君子不仁則不成不義則不生仁義眞人之性也又將奚為矣老聃曰請問何謂仁義孔子曰中心物愷兼愛無私此仁義之情也老聃曰意幾乎後言夫兼愛不亦迂乎無私焉乃私也夫子若欲使天下無失其牧乎則天地固有常矣日月固有明矣星辰固有列矣禽獸固有羣矣樹木固有立矣夫子亦放德而行循道而趨已至矣又何偈偈乎揭仁義若擊鼓而求亡子焉意夫子亂人之性也士成綺見老子而問曰吾聞夫子聖人也吾固不辭遠道而來願見百舍重趼而不敢息今吾觀子非聖

人也鼠壤有餘蔬而棄妹不仁也生熟不盡於前而積斂無崖老子漠然不應士成綺明日復見曰昔者吾有剌於子今吾心正郤矣何故也老子曰夫巧知神聖人之吾自以為脫焉昔者子呼我牛也而謂之牛呼我馬也而謂之馬苟有其實人與之名而弗受再受其殃吾服也恆服吾非以服有服士成綺雁行避影履行遂進而問修身若何老子曰而容崖然而目衝然而顙頯然而口闞然而狀義然似繫馬而止也動而持發也機察而審知巧而覩於泰凡以為不信邊竟有人焉其名為竊老子曰夫道於大不終於小不遺故萬物備廣廣乎其無不容也淵乎其不可測也形德仁義神之末也非至人孰能定之夫至人有世不亦大乎而不足以為之累天下奮棅而不與之偕審乎無假而不與利遷極物之真能守其本故外天地遺萬物而神未嘗有所困也通乎道合乎德退仁義賓禮樂至人之心有所定矣世之所貴道者書也書不過語語有貴也語之所貴者意也意有所隨意之所隨者不可以言傳也而世因貴言傳書世雖貴之哉猶不足貴也為其貴非其貴也故視而可見者形與色也聽而可聞者名與聲也悲夫世人以形色名聲為足以得彼之情夫形色名聲果不足以得彼之情則知者不言言者不知而世豈識之哉　天運篇孔子行年五十有一而不聞道乃

南之沛見老聃老聃曰子來乎吾聞子北方之賢者也子亦得道乎孔子曰未得也老子曰子惡乎求之哉曰吾求之於度數五年而未得也老子曰子又惡乎求之哉曰吾求之於陰陽十有二年而未得老子曰然使道而可獻則人莫不獻之於其君使道而可進則人莫不進之於其親使道而可以告人則人莫不告其兄弟使道而可以與人則人莫不與其子孫然而不可者無他也中無主而不止外無正而不行由中出者不受於外聖人不出由外入者無主於中聖人不隱名公器也不可多取仁義先王之遽廬也止可以一宿而不可以久處覯而多責古之至人假道於仁託宿於義以遊逍遙之墟食於苟簡之田立於不貸之圃逍遙無爲也苟簡易養也不貸無出也古者謂是采眞之遊以富爲是者不能讓祿以顯爲是者不能讓名親權者不能與人柄操之則慄舍之則悲而一無所鑒以闚其所不休者是天之戮民也怨恩取與諫教生殺八者正之器也唯循大變無所湮者爲能用之故曰正者正也其心以爲不然者天門弗開矣孔子見老聃而語仁義老聃曰夫播糠眯目則天地四方易位矣蚊虻噆膚則通昔不寐矣夫仁義憯然乃憤吾心亂莫大焉吾子使天下無失其朴吾子亦放風而動總德而立矣又奚傑然若負建鼓而求亡子者邪夫鵠不日浴而白烏不

日黔而黑黑白之朴不足以為辯名譽之觀不足以為廣泉涸魚相與處於陸相呴以濕相濡以沫不若相忘於江湖孔子見老聃歸三日不談弟子問曰夫子見老聃亦將何規哉孔子曰吾乃今於是乎見龍龍合而成體散而成章乘乎雲氣而養乎陰陽予口張而不能嗋予又何規老聃哉子貢曰然則人固有尸居而龍見雷聲而淵默發動如天地者乎賜亦可得而觀乎遂以孔子聲見老聃老聃方將倨堂而應微曰予年運而往矣子將何以戒我乎子貢曰夫三王五帝之治天下不同其係聲名一也而先生獨以為非聖人如何哉老聃曰小子少進子何以謂不同對曰堯授舜舜授禹禹用力而湯用兵文王順紂而不敢逆武王逆紂而不肯順故曰不同老聃曰小子少進余語汝三王五帝之治天下黃帝之治天下使民心一民有其親死不哭而民不非也堯之治天下使民心親民有為其親殺其殺而民不非也舜之治天下使民心競民孕婦十月生子子生五月而能言不至乎孩而始誰則人始有夭矣禹之治天下使民心變人有心而兵有順殺盜非殺人自為種而天下耳是以天下大駭儒墨皆起其作始有倫而今乎婦女何言哉余語女三王五帝之治天下名曰治之而亂莫甚焉三王之知上悖日月之明下睽山川之精中墮四時之施其知憯於蠣蠆之尾鮮規

之獸莫得安其性命之情者而猶自以爲聖人不可恥乎其無恥也子貢蹴蹴然立不安孔子謂老聃曰丘治詩書禮樂易春秋六經自以爲久矣孰知其故矣以奸者七十二君論先王之道而明周召之迹一君無所鉤用甚矣夫人之難說也道之難明邪老子曰幸矣子之不遇治世之君也夫六經先王之陳迹也豈其所以迹哉今子之所言猶迹也夫迹履之所出而迹豈履哉夫白鶂之相視眸子不運而風化蟲雄鳴於上風雌應於下風而風化類自爲雌雄故風化性不可易命不可變時不可止道不可壅苟得於道無自而不可失焉者無自而可孔子不出三月復見曰丘得之矣烏鵲孺魚傅沫細要者化有弟而兄啼久矣夫丘不與化爲人不與化爲人安能化人老子曰可丘得之矣　田子方篇孔子見老聃老聃新沐方將被髮而乾慹然似非人孔子便而待之少焉見曰丘也眩與其信然與向者先生形體掘若槁木似遺物離人而立於獨也老聃曰吾遊心於物之初孔子曰何謂邪曰心困焉而不能知口辟焉而不能言嘗爲汝議乎其將至陰肅肅至陽赫赫肅肅出乎天赫赫發乎地兩者交通成和而物生焉或爲之紀而莫見其形消息滿虛一晦一明日改月化日有所爲而莫見其功生有所乎萌死有所乎歸始終相反乎無端而莫知乎其所窮非是也且孰爲

之宗孔子曰請問遊是老聃曰夫得是至美至樂也得至美而遊乎至樂謂之至人孔子曰願聞其方曰草食之獸不疾易藪水生之蟲不疾易水行少變而不失其大常也喜怒哀樂不入於胸次夫天下也者萬物之所一也得其所一而同焉則四肢百體將爲塵垢而死生終始將爲晝夜而莫之能滑而況得喪禍福之所介乎棄隸者若棄泥塗知身貴於隸也貴在於我而不失於變且萬化而未始有極也夫孰足以患心已爲道者解乎此孔子曰夫子德配天地而猶假至言以修心古之君子孰能說焉老聃曰不然夫水之於汋也無爲而才自然矣至人之於德也不修而物不能離焉若天之自高地之自厚日月之自明夫何修焉孔子出以告顏回曰丘之於道也其猶醯雞與微夫子之發吾覆也吾不知天地之大全也　知北遊篇孔子問於老聃曰今日晏閒敢問至道老聃曰汝齊戒疏瀹而心澡雪而精神掊擊而知夫道窅然難言哉將爲汝言其崖略夫昭昭生於冥冥有倫生於無形精神生於道形本生於精而萬物以形相生故九竅者胎生八竅者卵生其來無迹其往無崖無門無房四達之皇皇也邀於此者四肢强思慮恂達耳目聰明其用心不勞其應物無方天不得不高地不得不廣日月不得不行萬物不得不昌此其道與且夫博之不必知辯之不必慧聖

人以斷之矣若夫益之而不加益損之而不加損者聖人之所保也淵淵乎其若海魏魏乎其終則復始也運量萬物而不匱則君子之道彼其外與萬物皆往資焉而不匱此其道與中國有人焉非陰非陽處於天地之間直且為人將反於宗自本觀之生者喑醷物也雖有壽夭相去幾何須臾之說也奚足以為堯桀之是非果蓏有理人倫雖難所以相齒聖人遭之而不違過之而不守調而應之德也偶而應之道也帝之所興王之所起也人生天地之間若白駒之過隙忽然而已注然勃然莫不出焉油然漻然莫不入焉已化而生又化而死生物哀之人類悲之解其天弢墮其天袠紛乎宛乎魂魄將往乃身從之乃大歸乎不形之形形之不形是人之所同知也非將至之所務也此衆人之所同論也彼至則不論論則不至明見無值辯不若默道不可聞聞不若塞此之謂大得　庚桑楚篇老聃之役有庚桑楚者偏得老聃之道以北居畏壘之山其臣之畫然知者去之其妾之絜然仁者遠之擁腫之與居鞅掌之為使居三年畏壘大穰畏壘之民相與言曰庚桑子之始來吾灑然異之今吾日計之而不足歲計之而有餘庶幾其聖人乎子胡不相與尸而祝之社而稷之乎庚桑子聞之南面而不釋然弟子異之庚桑子曰弟子何異于予夫春氣發而百草生正得秋而萬寶

成夫春與秋豈無得而然哉大道已行矣吾聞至人尸居環堵之室而百姓猖狂不知所如往今以畏壘之細民而竊竊焉欲俎豆予於賢人之間我其杓之人邪吾是以不釋於老聃之言弟子曰不然夫尋常之溝巨魚無所還其體而鯢鰌為之制步仞之丘陵巨獸無所隱其軀而孽狐為之祥且夫尊賢授能先善與利自古堯舜已然而況畏壘之民乎夫子亦聽矣庚桑子曰小子來夫函車之獸介而離山則不免于罔罟之患吞舟之魚碭而失水則蟻能苦之故鳥獸不厭高魚鼈不厭深夫全其形生之人藏其身也不厭深眇而已矣且夫二子者又何足以稱揚哉是其于辯也將妄鑿垣牆而殖蓬蒿也簡髮而櫛數米而炊竊竊乎又何足以濟世哉舉賢則民相軋任知則民相盜之數物者不足以厚民民之于利甚勤子有殺父臣有殺君正晝為盜日中穴阫吾語女大亂之本必生于堯舜之間其末存乎千世之後千世之後其必有人與人相食者也南榮趎蹴然正坐曰若趎之年者已長矣將惡乎託業以及此言邪庚桑子曰全汝形抱汝生無使汝思慮營營若此三年則可以及此言也南榮趎曰目之與形吾不知其異也而盲者不能自見耳之與形吾不知其異也而聾者不能自聞心之與形吾不知其異也而狂者不能自得形之與形亦辟矣而物或間之邪欲相求

而不能相得今謂趎曰全汝形抱汝生勿使汝思慮營營趎勉聞道達耳矣庚桑子曰辭盡矣曰奔蜂不能化藿蠋越雞不能伏鵠卵魯雞固能矣雞之與雞其德非不同也有能與不能者其才固有巨小也今吾才小不足以化子子胡不南見老子南榮趎贏糧七日七夜至老子之所老子曰子自楚之所來乎南榮趎曰唯老子曰子何與人偕來之衆也南榮趎懼然顧其後老子曰子不知吾所謂乎南榮趎俯而慚仰而歎曰今者吾忘吾答因失吾問老子曰何謂也南榮趎曰不知乎人謂我朱愚知乎反愁我軀不仁則害人仁則反愁我身不義則傷彼義則反愁我已我安逃此而可此三言者趎之所患也願因楚而問之老子曰向吾見若眉睫之間吾因以得汝矣今汝又言而信之若規規然若喪父母揭竿而求諸海也汝亾人哉惘惘乎汝欲反汝情性而無由入可憐哉南榮趎請入就舍召其所好去其所惡十日自愁復見老子老子曰汝自灑濯孰哉鬱鬱乎然而其中津津乎猶有惡也夫外韄者不可繁而捉將內揵內韄者不可繆而捉將外揵外內韄者道德不能持而況放道而行者乎南榮趎曰里人有病里人問之病者能言其病然其病病者有未病也若趎之聞大道譬猶飲藥以加病也趎願聞衛生之經而已矣老子曰衛生之經能抱一乎能勿失乎能無卜筮

而知吉凶乎能止乎能已乎能舍諸人而求諸己乎能翛然乎能侗然乎能兒子乎兒子終日嗥而嗌不嗄和之至也終日握而手不挽共其德也終日視而目不瞚偏不在外也行不知所之居不知所為與物委蛇而同其波是衛生之經已南榮趎曰然則是至人之德已乎曰非也是乃所謂冰解凍釋者夫至人者相與交食乎地而交樂乎天不以人物利害相攖不相與為怪不相與為謀不相與為事翛然而往侗然而來是謂衛生之經已曰然則是至乎曰未也吾固告女曰能兒子乎兒子動不知所為行不知所之身若槁木之枝而心若死灰若是者禍亦不至福亦不來禍福無有惡有人災也宇泰定者發乎天光發乎天光者人見其人人有修者乃今有恒有恒者人舍之天助之人之所舍謂之天民天之所助謂之天子學者學其所不能學也行者行其所不能行也辨者辨其所不能辨也知止乎其所不能知至矣若有不即是者天鈞敗之備物以將形藏不虞以生心敬中以達彼若是而萬惡至者皆天也而非人也不足以滑成不可內於靈臺靈臺者有持而不知其所持而不可持者也不見其誠己而發每發而不當業入而不舍每更為失為不善乎顯明之中者人得而誅之為不善乎幽閒之中者鬼得而誅之明乎人明乎鬼者然後能獨行券內者行乎無名券外

者志乎期費行乎無名者唯庸有光志乎期費者唯賈人也人見其跂猶之魁然與物窮者物入焉與物且者其身之不能容焉能容人不能容人者無親無親者盡人兵莫憯於志鏌鋣爲下寇莫大於陰陽無所逃於天地之間非陰陽賊之心則使之也道通其分也其成也毀也所惡乎分者其分也以備所以惡乎備者其有以備故出而不反見其鬼出而得是謂得死滅而有實鬼之一也以有形者象無形者而定矣出無本入無竅有實而無乎處有長而無乎本剽有所出而無竅者有實有實而無乎處者宇也有長而無本剽者宙也有乎生有乎死有乎出有乎入入出而無見其形是謂天門天門者無有也萬物出乎無有有不能以有爲有必出乎無有而無有一無有聖人藏乎是古之人其知有所至矣惡乎至有以爲未始有物者至矣盡矣弗可以加矣其次以爲有物矣將以生爲喪也以死爲反也是以分已其次曰始無有既而有生生俄而死以無有爲首以生爲體以死爲尻孰知有無死生之一守者吾與之爲友是三者雖異公族也昭景也著戴也甲氏也著封也非一也有生黬也披然曰移是嘗言移是非所言也雖然不可知者也臘者之有膍胲可散而不可散也觀室者周於寢廟又適其偃焉爲是舉移是請嘗言移是是以生爲本以知爲師因以乘是非果有

名實因以己爲質使人以爲己節因以死償節若然者以用爲知以不用爲愚以徹爲名以窮爲辱移是今之人也是蜩與鷽鳩同於同也蹍市人之足則辭以放驁兄則以嫗大親則已矣故曰至禮有不人至義不物至知不謀至仁無親至信辟金徹志之勃解心之謬去德之累達道之塞富貴顯嚴名利六者勃志也容動色理氣意六者謬心也惡欲喜怒哀樂六者累德也去就取與知能六者塞道也此四六者不盪胷中則正正則靜靜則明明則虛虛則無爲而無不爲也道者德之欽也生者德之光也性者生之質也性之動謂之爲爲之僞謂之失知者接也知者謨也知者之所不知猶睨也動以不得已之謂德動無非我之謂治名相反而實相順也羿工乎中微而拙乎使人無己譽聖人工乎天而俍乎人夫工乎天而俍乎人者唯全人能之唯蟲能蟲唯蟲能天全人惡天惡人之天而況吾天乎人乎一雀適羿羿必得之威也以天下爲之籠則雀無所逃是故湯以庖人籠伊尹秦穆公以五羊之皮籠百里奚是故非以其所好籠之而可得者無有也介者移畫外非譽也胥靡登高而不懼遺死生也夫復謵不餽而忘人忘人因以爲天人矣故敬之而不喜侮之而不怒者惟同乎天和者爲然出怒不怒則怒出於不怒矣出爲無爲則爲出於無爲矣欲靜則平氣欲神則順

心有爲也欲當則緣於不得已不得已之類聖人之道　寓言篇陽子居南之沛老聃西遊於秦邀於郊至於梁而遇老子老子中道仰天而嘆曰始以汝爲可教今不可也陽子居不答至舍進盥漱巾櫛脫屨戶外膝行而前曰向者弟子欲請夫子夫子行不間是以不敢今間矣請問其故老子曰而睢睢盱盱而誰與居大白若辱盛德若不足陽子居蹴然變容曰敬聞命矣其往也舍者迎將其家公執席妻執巾櫛舍者避席煬者避竈其反也舍者與之爭席矣　養生主篇老聃死秦失弔之三號而出弟子曰非夫子之友耶曰然然則弔焉若此可乎曰然始也吾以爲其人也而今非也向吾入而弔焉有老者哭之如哭其子少者哭之如哭其母彼其所以會之必有不蘄言而言不蘄哭而哭者是遁天倍情忘其所受古者謂之遁天之刑適來夫子時也適去夫子順也安時而處順哀樂不能入也古者謂是帝之縣解指窮於爲薪火傳也不知其盡也　按神仙傳老子者名重耳字伯陽楚國苦縣曲仁里人也其母感大流星而有娠雖受氣天然見於李家猶以李爲姓或云老子先天地生或云天之精魄蓋神靈之屬或云母懷之七十二年乃生生時剖母左腋而出生而白首故謂之老子或云其母無夫老子是母家之姓或云老子之母適至李樹下而生老子生而能言

指李樹曰以此爲我姓或云上三皇時爲元中法師下三皇時爲金闕帝君伏羲時爲鬱華子神農時爲九靈老子祝融時爲廣壽子黃帝時爲廣成子顓頊時爲赤精子帝嚳時爲祿圖子堯時爲務成子舜時爲尹壽子夏禹時爲真行子殷湯時爲錫則子文王時爲文邑先生一云守藏史或云在越爲范蠡在齊爲鴟夷子在吳爲陶朱公皆見於羣書不出神仙正經未可據也葛稚川云洪以爲老子若是天之精神當無世不出俯尊就卑委逸就勞背清澄而入臭濁棄天官而受人爵也夫有天地則有道術道術之士何時暫乏是以伏羲以來至於三代顯名道術世世有之何必常是一老子也皆由晚學之徒好奇尙異苟欲推崇老子故有此說其實論之老子蓋得道之尤精者非異類也按史記云老子之子名宗仕魏爲將軍有功封于段至宗之子汪汪之子言言之元孫瑕仕于漢瑕子解爲膠西王太傅家于齊則老子本神靈耳淺見道士欲以老子爲神異使後代學者從之而不知此更使不信長生之可學也何者若謂老子是得道者則人必勉力競慕若謂是神靈異類則非可學也或云老子欲西度關關令尹喜知其非常人也從之問道老子驚怖故吐舌聃然遂有老聃之號亦不然也今按九變及元生十二化經老子未入關時固已名聃矣老子數易名字非但一

耶而已所以爾者按九宮及三五經及元辰經云人生各有厄會到其時若易名字以隨元氣之變則可以延年度厄今世有道者亦多如此老子在周乃三百餘年二百年之中必有厄會非一是以名稍多耳欲正定老子本末故當以史書實錄為主並老僊經祕文以相參審其他若俗說多虛妄洪按西昇中胎及復命苞及珠韜玉機金篇內經皆云老子黃白色美眉廣顙長耳大目疏齒方口厚脣額有三五達理日角月懸鼻純骨雙柱耳有三漏門足蹈二五手把十文以周文王時為守藏史至武王時為柱下史時俗見其久壽故號之為老子夫人受命自有通神遠見者稟氣與常人不同應為道主故能為天神所濟衆僊所從是以所出度世之法九丹八石金醴玉液次存元素守一思神歷藏行氣鍊形消災辟惡治鬼養性絕穀變化厭勝教戒役使鬼魅之法凡九百三十卷符書七十卷皆老子本起中篇所記者也自有目錄其不在此數者皆後之道士私所增益非眞文也老子恬淡無欲專以長生為務者故在周雖久而名位不遷者蓋欲和光同塵內實自然道成乃去蓋僊人也老子將去而西出關以昇崑崙關令尹喜占風氣逆知當有神人來過乃掃道四十里見老子而知是也老子在中國都未有所授知喜命應得道乃停關中老子有客徐甲少賃于老子約日

雇百錢計欠甲七百二十萬錢甲見老子出關遊行速索償不可得乃倩人作辭詣關令以言老子而爲作辭者亦不知甲已隨老子二百餘年矣唯計甲所應得直之多許以女嫁甲甲見女美尤喜遂通辭于尹喜得辭大驚乃見老子老子問甲曰汝久應死吾昔賃汝爲官卑家貧無有使役故以太元清生符與汝所以至今日汝何以言吾吾語汝到安息國固當以黃金計直還汝汝何以不能忍乃使甲張口向地其太元眞符立出于地丹書文字如新甲成一聚枯骨矣喜知老子神人能復使甲生乃爲甲叩頭請命乞爲老子出錢還之老子復以太元符投之甲立更生喜卽以錢二百萬與甲遣之而去幷執弟子之禮具以長生之事授喜喜又請教誡老子語之五千言喜退而書之名曰道德經焉尹喜行其道亦得僊漢竇太后信老子之言孝文帝及外戚諸竇皆不得不讀讀之皆大得其益故文景之世天下謐然而竇氏三世保其榮寵太子太傅疏廣父子深達其意知功成身退之義同日棄官而歸散金布惠保其清貴及諸隱士其遵老子之術者皆外損榮華內養生壽無有顚沛于險世其洪源長流所潤洋洋如此豈非乾坤所定萬世之師表哉故莊周之徒莫不以老子爲宗也

按拾遺記老聃在周之末居反景日室之山與世人絕跡惟有黃髮老叟五人或乘

鴻鶴或衣羽毛耳出於頂瞳子皆方面色玉潔手握青筠之杖與聃共談天地之數及聃退跡爲柱下史求天下服道之術四海名士莫不爭至五老卽五方之精也　浮提之國獻神通善書二人佐老佐少隱形則出影聞聲則藏形出肘間金壺四寸上有五龍之檢封以青泥壺中有黑汁如淳漆灑地及石皆成篆隸科斗之字記造化人倫之始佐老子撰道德經垂十萬言寫以玉牒編以金繩貯以玉函晝夜精勤形勞神倦及金壺汁盡二人刳心瀝血以代墨焉遞鑽腦骨取髓代爲膏燭及髓血皆竭探懷中玉管中有丹藥之屑以塗其身骨乃如故老子曰更除其繁紊存五千言及至經成工畢二人亦不知所往　按高士傳商容不知何許人也有疾老子曰先生無遺教以告弟子乎容曰將語子過故鄉而下車知之乎老子曰非謂不忘故耶容曰過喬木而趨知之乎老子曰非謂其敬老耶容張口曰吾舌存乎曰存曰吾齒存乎曰亡知之乎老子曰非謂其剛亡而弱存乎容曰嘻天下事盡矣　按水經注就水出南山就谷北經大陵西世謂之老子陵昔李耳爲周柱史以世衰入戎於此有冢事非經證然莊周著書云老聃死秦失弔之三號而出是非不死之言人稟五行之精氣陰陽有終變亦無不化之理以是推之或復如傳古人許以傳疑故兩存耳　按酉

陽雜俎老君母曰元妙玉女天降元黃氣如彈丸入口而孕凝神瓊胎宮三千七百年赤明開運歲在甲子誕於扶刀蓋天西那王國鬱寥山丹元之阿又曰老君在胎八十一年剖左掖而生生而白首又曰青帝刧末元氣改運託形於洪氏之胞又曰李母本元君也日精入口吞而有孕三色氣繞身五行獸衛形如此七十二年而生陳國苦縣賴鄉渦水之陽九井西李下具三十六號七十二名又有九名又千二百老君又曰九天上皇洞眞第一君大千法王九靈老子太上眞人天老元中法師上清太極眞上人景君等號形長九尺或曰二丈九尺耳三門又耳附連環又耳無輪郭眉如北斗色綠中有紫毛長五寸目方瞳綠筋貫之有紫光鼻雙柱口方齒數六八頤若方丘頰如橫壟龍顏金容額三理腹三誌頂三約把十蹈五身綠毛白血頂有紫氣　老君西越流沙歷八十一國烏弋身毒爲浮屠化被三千國有九萬品戒經漢所獲大月支復立經是也孔子爲元宮仙佛爲三十三天僊延賓宮主所爲道在竺乾有古先生善入無爲　按雲笈七籤太上老君者混元皇帝也乃生於無始起於無因爲萬道之先元氣之祖也蓋無光無象無音無聲無宗無緒幽幽冥冥其中有精其精甚眞彌綸無外故稱大道焉夫道者自然之極尊也於幽無之中而生空洞爲空洞者眞

一也眞一者不有不無也從此一氣化生後九十九萬億九十九萬歲乃化生上三氣三氣各相去九十九萬億九十九萬歲三合成德共生無上也自無上生後九十九萬億九十九萬歲乃化生中三氣三氣各相去九十九萬億九十九萬歲三合成德共生元老也自元老生後九十九萬億九十九萬歲乃化生下三氣三氣各相去九十九萬億九十九萬歲三合成德共生太上也自太上生後復八十一萬億八十一萬歲乃生一氣一氣生後復八十一萬億八十一萬歲乃生前三氣三氣各相去八十一萬億八十一萬歲三合成德共生老君焉老君生後八十一萬億八十一萬歲化生一氣一氣生後八十一萬億八十一萬歲化生後三氣三氣又化生元妙玉女玉女生後八十一萬億八十一萬歲三氣混沌凝結變化五色元黃大如彈丸入元妙口中元妙因吞之八十一年乃從左腋而生生而白首故號爲老子老子者老君也此卽道之身也元氣之祖宗天地之根本也夫大道元妙出於自然生於無生先於無先挺於空洞陶育乾坤號曰無上正眞之道神奇微遠不可得名故曰吾生於無形之先起乎太初之前長乎太始之端行乎太素之元浮游幽虛出入杳冥觀混沌之未判視清濁之未分盼髣髴之輿光瞻鬱罔之眇然窺惚恍之容象覩鴻洞之無邊步宇宙之曠

野歷品物之族羣惟吾生之卓兮獨立而無倫消則爲氣息則爲人矣夫老君者乃元氣道眞造化自然者也強爲之容則老子也以虛無爲道自然爲性也夫莫能使之然莫能使之不然亦不知其所以然不知其所以不然故曰自然而然者也至若以地爲輿操天爲蓋馳騖曠蕩翺翔八外不足比其大也窮幽極微至纖無際析毫剖釐刃鋏鋒銳不足言其細也絲竹八音簫韶九成宮商調暢律呂和平不足言其聲也元黃煥爛丹青爚煜煜煌煒曄麗靡華飾不足言其色也皦耀熠爍神明恍惚風流電擧霆振響逸不足言其疾也結根九泉沈嶠八海水凝藪澤淵渟嶽峙不足言其止也陰陽不測變化無倫飄颻太素師處友眞不足言其神也光燭元昧洞鑒無形仰覩太極俯察幽冥不足言其明也影離響絕雲銷霧除鑽冰求火探巢捕魚不足言其無也滌宇宙之塵穢掃雲漢於天衢下坑宏而無底上寥廓而無隅包六合而造域跨八維以爲區不足言其虛也然則道固無形夫何爲名故乃託虛寄無假道以言之言之不足以盡意故歸之自然自然者理之極乃道之常也故衆聖所共尊道尊德貴夫莫之爵而常自然惟老氏乎老君者乃元生之至精兆形之至靈也昔於虛空之中結氣凝眞強爲之容體大無邊相好衆備自然之尊上無所攀下無所躡懸身而處不

頦不落著光明之衣照虛空之中如含日月之光也或在雲華之上身如金色面放五明自然化出神王力士青龍白獸麒麟獅子列於前後或坐千葉蓮花光明如日頭建七曜冠衣晨精服披九色離羅帔項負圓光或乘八景玉輿駕五色神龍建流霄皇天丹節廕九光鶴蓋神丁執旄從九萬飛仙獅子啟塗鳳凰翼軒或乘玉衡之車金剛之輪驂駕九龍三素飛雲寶蓋洞耀流煥太無燒香散華浮空而來伎樂駭虛難可稱焉或坐寶堂大殿光明七寶之帳朱華羅網垂覆其上仙眞列侍神丁衛軒幡幢旌節騎乘滿空或金容玉姿黃裳繡帔凭几振拂為物祛塵或元冠素服白馬朱駿仙童夾侍神光洞元夫妙相不可具圖學上道之子宜識眞形眞形不測但存此足以感會也夫學不知其本如嬰兒之失母能知其母又知其子既知其子復守其母母者何也無中之有也是道也至眞也宗極也一切所崇也隨感而應應則著微微則妙象恍惚乍存乍亡屈者資之得伸暗者向之獲明迷者歸之果定故神明之君應著之時形象相好動靜有則以正理邪周徧無滯救度無窮故稱為聖或君或臣或師或友依緣相逢逢此應者皆由精心感道道氣通感是故隨機適品矣夫大道處於無形無形非凡所見應感以形妙相隨時而出或玉姿金體爰及肉身或飛或步或尊或卑

或山或岱或夷或夏不可測量隨感一妙應已則藏或來無所從去無所至洞有洞無周徧一切悟
者卽心得道迷者觸向乖眞能崇識老君尊而敬之則得正眞道矣

卷終

神異典第二百二十四卷

神仙部列傳一

上古　馬師皇

按列仙傳馬師皇者黃帝時馬醫也知馬形氣死生之診理之輒愈後有龍下向之垂耳張口師皇曰此龍有病知我能理乃鍼其脣下口中以甘草湯飲之而愈後數有疾龍出其陂告而治之一旦龍負而去

赤將子輿　左徹

按列仙傳赤將子輿者黃帝時人不食五穀而噉百草花至堯時爲木工能隨風雨上下時於市中賣繳亦謂之繳父　按博物志黃帝登仙其臣左徹者削木象黃帝帥諸侯以朝之七年不還左徹乃立顓頊左徹亦仙去也

甯封子

按搜神記甯封子者黃帝時人也世傳爲黃帝陶正有異人過之爲其掌火能出五色煙久則以教

封子封子積火自燒而隨烟氣上下視其灰燼猶有其骨時人共葬之寧北山中故謂之寧封子

按拾遺記洹流如沙塵足踐則陷其深難測大風吹沙如霧中多神龍魚鼈皆能飛翔有石葉青色堅而甚輕從風靡靡覆其波上一莖百葉千年一花其地一名沙瀾言沙涌起而成波瀾也仙人甯封食飛魚而死二百年更生故甯先生遊沙海七言頌云青藕灼爍千載舒百齡暫死餌飛魚則此花此魚也　按雲笈七籤黃帝詔龍蹻眞人甯先生受龍蹻經得御飛雲之道乃封先生爲五嶽丈人戴蓋天之冠著朱紫之袍佩三庭之印爲五嶽之上司與潛山司命廬山使者爲三司之尊敕五嶽神一月再朝處中灑水以代暑溺

桐君

按嚴州府志桐君不知何許人亦莫詳其姓氏嘗採藥求道止於桐廬縣東山偎桐樹下其桐枝柯偃蓋蔭蔽數畝遠望如廬舍或有問其姓者則指桐以示之因名其人爲桐君縣爲桐廬江爲桐江溪爲桐溪嶺爲桐嶺而山亦以桐君名焉或曰黃帝時嘗與巫咸同處方餌未知是否有藥錄一卷行於世宋元豐中縣令許由儀訪藥餌已失其傳惟山隈有雙小桐在於是立祠山頂繪像以祀之

按香案牘桐君入山得鳴石鷄舂碎爲藥服之有聲氣鷄色丹大如燕常在地中應時而鳴吳寶鼎元年貢琥珀燕置靜室中時一鳴翔此之類也

洪崖先生

按江西通志洪崖先生得道居西山洪崖有煉丹井或曰卽黃帝之臣伶倫或曰帝堯時已三千歲矣有衞度世者當漢武帝時入華山尋其父叔卿叔卿在絕壑中與數人博度世問爲誰曰洪崖先生與許由巢父也竟莫詳其本末云隋開皇中以洪崖所在改郡名爲洪洲

三皇時仙姑

按金華府志三皇時仙姑相傳爲軒轅皇帝少女按鄭緝之東陽志及縣志仙姑於仙華山修眞上昇故山與廟並以仙姑名有廟舊在山巔禱祈輒應民病陟降改築山麓宋嘉泰元年夏旱吏民相與禱之雨乃時降歲以有秋事聞於朝敕賜額曰昭應至今人稱之曰仙姑聖云

浮丘公

按太平縣志上古軒轅問道於浮丘公曰願摳衣躬侍修煉浮丘公曰江南黟山神仙所居無葷穢

腥腐而有古木靈藥其泉香美清溫冬夏無變沐浴飲之萬病皆愈遂與容成子浮丘公同遊黃山煉丹天都峯下後飛升於望仙峯　按江西通志上古浮丘先生其姓氏不可知亦不詳其世代或曰黃帝時人與容成子遊或曰卽列子所稱壺丘子或曰漢書浮丘伯楚元王申公所從受詩者也晉時由金華山之華蓋山吐氣爲橋度王郭二仙故今崇仁華蓋山並祀云　按太平府志浮丘伯相傳周靈王時人太子晉師之或云卽傳子夏詩者與王子晉吹笙騎鶴遊嵩山邑南隱玉山其煉丹處也今石壇丹井鎖虎石龍池皆其遺蹟而郡北黃山亦傳爲伯牧雞地云　按巢縣志浮丘公姓李世號浮丘居嵩山修道白日飛昇嘗作原道歌曰虎伏龍亦藏藏龍先伏虎但畢河車功不用提防拒諸子學飛仙狂迷不得住左右得君臣四物相念護乾坤法象成自有眞人顧又以相鶴經授王子晉崔文子學道於子晉得其文藏嵩山石室淮南王採藥得之遂傳於世　按濟南府志浮丘翁姓李新泰浮丘保人居嵩山得道所在有煉丹爐嘗作原道歌相鶴經漢申公師之按河南府志周浮丘公姓李居嵩山白日飛昇靈王時接引太子晉來往嵩高山今太室有浮丘子晉二峯皆因之得名也

容成公

按列仙傳容成公者自稱黃帝之師見周穆王能善補導之事取精於元牝其要谷神不死守生養精炁者髮白復黑齒墮更生事與老子同亦云老子師　按神仙傳容成公者字子黃道東人也行元素之道年二百歲善房中之術　按福建通志上古容成先生黃帝時人嘗棲太姥山煉藥後居崆峒軒轅黃帝師之

隨應子　赤精子　綠圖子

按續文獻通考隨應子少皡時出降於崆峒山說莊敬經號太極先生　按續文獻通考赤精子顓頊時出說微言經　按續文獻通考綠圖子帝嚳時出降於江湄說黃庭經

展上公

按洞仙傳展上公者不知何許人也學道於伏龍地乃植李彌滿所住之山上公得道今爲九宮右保司其常白諸仙人云昔在華陽下食白李美憶之未久忽已三千歲矣郭四朝後來住其處又種五果上公云此地善可種桼所謂福鄉之桼可以除災癘　按鎮江府志展上公高辛時人茅山

志載二茅君言展先生昔學道於伏龍地植李彌山相傳仙解後其軀蛻於玉晨觀今觀有漢時塑像或以爲眞身也

陶唐氏　許由

按莊子逍遙遊堯讓天下於許由曰日月出矣而爝火不息其於光也不亦難乎時雨降矣而猶浸灌其於澤也不亦勞乎夫子立而天下治而我猶尸之吾自視缺然請致天下許由曰子治天下天下既已治也而我猶代子吾將爲名乎名者實之賓也吾將爲賓乎鷦鷯巢於深林不過一枝偃鼠飲河不過滿腹歸休乎君予無所用天下爲庖人雖不治庖尸祝不越樽俎而代之矣　按神仙傳許由巢父服箕山石流黃丹今在中嶽山中　按高士傳許由字武仲陽城槐里人也爲人據義履方邪席不坐邪膳不食後隱於沛澤之中堯讓天下於許由許由不受而逃去齧缺遇許由曰子將奚之曰將逃堯曰奚謂耶曰夫堯知賢人之利天下也而不知其賊天下也夫唯外乎賢者知之矣由於是遁耕於中嶽潁水之陽箕山之下終身無經天下色堯又召爲九州長由不欲聞之洗耳於潁水濱時其友巢父牽犢欲飲之見由洗耳問其故對曰堯欲召我爲九州長惡聞其聲是故

洗耳巢父曰子若處高岸深谷人道不通誰能見子子故浮游欲聞求其名譽污吾犢口牽犢上流飲之許由沒葬箕山之巔亦名許由山在陽城之南十餘里堯因就其墓號曰箕山公神以配食五嶽世世奉祀至今不絕也

巢父

按高士傳巢父者堯時隱人也山居不營世利年老以樹為巢而寢其上故時人號曰巢父堯之讓許由也由以告巢父巢父曰汝何不隱汝形藏汝光若非吾友也擊其膺而下之由悵然不自得乃過清冷之水洗其耳拭其目曰向聞貪言負吾之友矣遂去終身不相見

偓佺

按列仙傳偓佺者槐山採藥父也好食松實形體生毛長數寸兩目更方能飛行逐走馬以松子遺堯堯不暇服也松者簡松也時人受服者皆至二三百歲焉

方回

按列仙傳方回堯時隱人也堯聘以為閭士鍊食雲母粉亦與人民之有病者隱於五柞山中夏啟

末爲宮士爲人所刼閉之室中從求道回化而得去更以方回印封其戶時人言得回一圓泥塗門戶終不可開　按拾遺記舜葬蒼梧之野有鳥名曰憑霄雀時來銜青砂珠其珠輕細風吹如塵起名曰珠塵服之不死帶之身輕故仙人方回遊南嶽七言讚曰珠塵圓潔輕且明有道服者得長生

務成子　太姥

按續文獻通考務成子堯時出降於姑射山說元德經　按福建通志太姥堯時人以練藍爲業家於路傍有道士求漿母飲以醪道士奇之授以九轉丹砂之法七月七日乘九色龍馬而仙因名太姥山

何侯

按寍遠縣志何侯名眞元堯時人隱居九疑山中三子十孫壽皆百歲至五世尤敦家訓嘗遇黃衣眞人引入無爲洞天歷覽仙境頃之出洞不見眞人遂思念元學修眞煉氣居近第一麓牀築臺棲息鑿九井汲水以煉丹舜南巡止其家封爲何侯後七月七日以仙藥投酒中聚族懽飲餘酒灑宅

壁舉家三百口拔宅上昇今之虞廟卽其故居云

高遠先生　劉施言

按盜遠縣志高遠先生堯時人與何侯同里閈又與何侯煉藥亦得道仙去　按盜遠縣志劉施言何侯家童也昇舉之日以牧豕未歸歸無所依悲號伏地後五日祥雲覆下侯於空中呼之擲以桃簡緇衣金鈴仙帶後爲巫山仙祖至今猶傳其教

夏后氏　雲華夫人

按墉城集仙錄雲華夫人王母第二十三女太眞王夫人之妹也名瑤姬受徊風混合萬景煉神飛化之道嘗東海遊還過江上有巫山焉峯巖挺拔林壑幽麗巨石如壇流連久之時大禹理水駐山下大風卒至崖振谷隕不可制因與夫人相值拜而求助卽敕侍女授禹策召鬼神之書因命其神狂章虞余黃魔大翳庚辰童律等助禹斲石疏波決塞導阨以循其流禹拜而謝焉禹嘗詣之崇巘之巔顧盼之際化而爲石或倏然飛騰散爲輕雲油然而止聚爲夕雨或化遊龍或爲翔鶴千態萬狀不可親也禹疑其狡獪怪誕非眞仙也問諸童律律曰天地之本者道也運道之用者聖也聖之

品次眞人仙人也其有稟氣成眞不修而得道者木公金母是也蓋二氣之祖宗陰陽之原本仙眞之主宰造化之元光雲華夫人金母之女也昔師三元道君受上清寶經受書於紫清闕下爲雲華上宮夫人主領教童眞之士理在玉英之臺隱見變化蓋其常也亦由凝氣成眞與道合體非寓胎稟化之形是西華少陰之氣也且氣之彌綸天地經營動植大包造化細入毫髮在人爲人在物爲物豈止於雲雨龍鶴飛鴻騰鳳哉禹然之後往詣焉忽見雲樓玉臺瑤宮瓊闕森然靈官侍衛不可名識獅子抱關天馬啟途毒龍電獸八威備軒夫人宴坐於瑤臺之上禹稽首問道召禹使坐而言曰夫聖匠肇興剖大混之一樸發爲億萬之體發大蘊之一苞散爲無窮之物故步三光而立乎晷景封九域而制乎邦國刻漏以分晝夜寒暑以成歲紀兌離以正方位山川以分陰陽城郭以聚民器械以衛衆輿服以表貴賤禾黍以備凶歉凡此之制上稟乎星辰而取法乎神眞以養有形之物也是故日月有幽明生殺有寒暑雷震有出入之期風雨有動靜之常清氣浮乎上而濁衆散於下廢興之數治亂之運賢愚之質善惡之性剛柔之氣壽夭之命貴賤之位尊卑之叙吉凶之感窮達之期此皆稟之於道懸之於天而聖人爲紀也性發乎天而命成乎人立之者天行之者道道存則

有道去則非道無物不可存也非修不可致也元老有言致虛極守靜篤萬物將自復復謂歸於道
而常存也道之用也變化萬端而不足其一是故天參元元地參混黃人參道德去此之外非道也
哉長久之要者天保其元地守其物人養其氣所以全也則我命在我非天地殺之鬼神害之失道
而自逝也志乎哉勤乎哉子之功及於物矣勤逮於民矣善格於天矣而未聞至道之要也吾昔於
紫清之闕受書寶而敬之我師三元道君曰上眞內經天眞所寶封之金臺佩入太微則雲輪上往
神武抱關振衣瑤房邀宴希林左招仙公右棲白山而下眄太空汎乎天津則乘雲驂龍遊此名山
則眞人詣房萬神奉衛山精伺迎動有八景玉輪靜則宴處金堂亦謂之太上玉珮金璫之妙文也
汝將欲越巨海而無飈輪渡飛沙而無雲軒陟阨塗而無所攀涉泥波而無所乘陸則困於遠絕水
則懼於漂淪將欲以導百谷而濬萬川也危乎悠哉太上愍汝之至亦將授以靈寶眞文陸策虎豹
水制蛟龍斷馘千邪檢馭群凶以成汝之功也其在乎陽明之天也吾所授寶書亦可以出入水火
嘯叱幽冥收束虎豹呼召六丁隱淪八地顛倒五星久視存身與天相傾也因命侍女陵容華出丹
玉之笈開上清寶文以授禹拜受而去又得庚辰虞余之助遂能導波決川以成其功奠五嶽別九

州而天錫元圭以爲紫庭眞人其後楚大夫宋玉以其事言於襄王王不能訪道要以求長生築臺於高唐之館作陽臺之宮以祀之宋玉作神仙賦以寓情荒淫穢蕪高眞上仙豈可誣而降之也有祠在山下世謂之大僊隔岸有神女之石即所化也復有石天尊神女壇側有竹垂之若篲有槁葉飛物著壇上者竹則因風掃之終瑩潔不爲所汚楚人世祀焉

眞行子　錫則子

按續文獻通考眞行子禹時出降於商山授禹九疇書及靈寶五符治水眞文　按續文獻通考錫則子禹時出降於潛山作長生經一號錫壽子

嘯父

按列仙傳嘯父冀州人少在西周市上補履數十年人不知也後奇其不老好事者造求其術不能得惟梁母得其作火法臨上三亮山與梁母別列數十火而昇天西邑多奉祀之焉

師門

按列仙傳師門者嘯父弟子也亦能使火食桃李葩爲夏孔甲龍師孔甲不能順其心意殺而埋之

野外一旦風雨迎之詑則山木皆焚孔甲祀而禱之還而道死

務光

按列仙傳務光夏時人耳長七寸好琴服蒲韭根湯伐桀因光而謀光曰非吾事也湯曰孰可曰吾不知也湯曰伊尹何如曰强力忍垢吾不知也湯旣克桀以天下讓於光曰智者謀之武者遂之仁者居之古之道也吾子何不遂之請相吾子光辭曰廢上非義也殺人非仁也人犯其難我享其利非廉也吾聞非義不受其祿無道之世不踐其位況於尊我我不忍也遂負石自沈蓼水已而自匿後四百餘歲至武丁時復見武丁欲以爲相不從武丁以輿迎而從遏不以禮遂投河浮山後遊尙父山

商　仇生　宛丘先生

按列仙傳仇生者不知何許人湯時爲木正三十餘年而更壯皆知其壽人也咸共師奉之其人云常食松脂在尸鄉北山上自作石室至周武王幸其室祠之　按洞仙傳宛丘先生者服制命丸得道至湯之末世已千餘年以方傳弟子姜若春服之三百年視之如十五童子彭祖師之

白石先生

按神仙傳白石先生者中黃丈人弟子也至彭祖時已二千有餘歲矣不肯修昇天之道但取不死而已不失人間之樂其所據行者正以交接之道為主而金液之藥為上也初以居貧不能得藥乃養羊牧豬十數年間約衣節用置貨萬金乃大買藥服之常煮白石為糧因就白石山居時人故號曰白石先生亦食脯飲酒亦食穀食日行三四百里視之色如四十許人性好朝拜事神好讀幽經及太素傳彭祖問之曰何不服昇天之藥答曰天上復能樂比人間乎但莫使老死耳天上多至尊相奉事更苦於人間故時人呼白石先生為隱遯僊人以其不汲汲於昇天為僊官亦猶不求聞達者也

彭祖

按神仙傳彭祖者姓籛諱鏗帝顓頊之元孫也殷末已七百六十七歲而不衰老少好恬靜不卹世務不營名譽不飾車服唯以養生治身為事王聞之以為大夫常稱疾閑居不與政事善於補導之術服水桂雲母粉麋角散常有少容然性沉重終不自言有道亦不作詭惑變化鬼怪之事窈然無

爲少周遊時還獨行人莫知其所詣伺候竟不見也有車馬而常不乘或數百日或數十日不持資糧還家則衣食與人無異常閉氣內息從旦至中乃危坐拭目摩搦身體舐脣咽唾服氣數十乃起行言笑其體中或疲倦不安便導引閉氣以攻所患心存其體面九竅五臟四肢至於毛髮皆令具至覺其氣雲行體中故於鼻口中達十指末尋即體和王自往問訊不告致遺珍玩前後數萬金而皆受之以恤貧賤無所留又采女者亦少得道知養性之方年二百七十歲視之如五六十歲奉事之於掖庭爲立華屋紫閣飾以金玉乃令采女乘輜軿往問道於彭祖既至再拜請問延年益壽之法彭祖曰欲舉形登天上補仙官當用金丹此九召太乙所以白日昇天也此道至大非君王之所能爲其次當愛養精神服藥草可以長生但不能役使鬼神乘虛飛行身不知交接之道縱服藥無益也能養陰陽之意可推之而得但不思爲耳何足怪問也吾遺腹而生三歲而失母遇犬戎之亂流離西域百有餘年加以少枯喪四十九妻失五十四子數遭憂患和氣折傷冷熱肌膚不澤榮衛焦枯恐不度世所聞淺薄不足宣傳大宛山有青精先生者傳言千歲色如童子步行日過五百里能終日不食亦能一日九食眞可問也采女曰敢問青精先生是何仙人者也彭祖曰得道者耳非

仙人也仙人者或竦身入雲無翅而飛或駕龍乘雲上造天階或化為鳥獸遊浮青雲或潛行江海翱翔名山或食元氣或茹芝草或出入人間而人不識或隱其身而莫之見面生異骨體有奇毛率好深僻不交俗流然此等雖有不死之壽去人情遠榮樂有若雀化為蛤雉化為蜃失其本真更守異氣余之愚心未願此已入道當食甘旨服輕麗通陰陽處官秩耳骨節堅強顏色和澤老而不衰延年久視長在世間寒溫風濕不能傷鬼神眾精莫敢犯五兵百蟲不可近嗔喜毀譽不為累乃可貴耳人之受氣雖不知方術但養之得宜常至百二十歲不及此者傷也小復曉道可得二百四十歲加之可至四百八十歲盡其理者可以不死但不成仙人耳養壽之道但莫傷之而已夫冬溫夏涼不失四時之和所以適身也美色淑姿幽閑娛樂不致思慾之惑所以通神也車服威儀知足無求所以一志也八音五色以悅視聽所以導心也凡此皆以養壽而不能斟酌之者反以速患古之至人恐下才之子不識事宜流遯不還故絕其源故有上士別牀中士異被服藥百裹不如獨臥五音使人耳聾五味使人口爽苟能節宣其宜適抑揚其通塞者不以減年得其益也凡此之類譬猶水火用之過當反為害也不知其經脈損傷氣血不足內理空疎髓腦不實體已先病故為外物所

犯因氣寒酒色以發之耳若本充實豈有病也夫遠思强記傷人憂喜悲哀傷人喜樂過差忿怒不觧傷人汲汲所願傷人陰陽不順傷人有所傷者數種而獨戒於房中豈不惑哉男女相成猶天地相生也所以神氣導養使人不失其和天地得交接之道故無終竟之限人失交接之道故有傷殘之期能避衆傷之事得陰陽之術則不死之道也天地晝分而夜合一歲三百六十交而精氣和合故能生產萬物而不窮人能則之可以長存次有服氣得其道則邪氣不得入治身之本要其餘吐納導引之術及念體中萬神有含影守形之事一千七百餘條及四時首向責己謝過臥起早晏之法皆非眞道可以教初學者以正其身人受精養體服氣煉形則萬神自守其眞不然者則榮衛枯悴萬神自逝悲思所留者也人爲道不務其本而逐其末告以至言而不能信見約要之書謂之輕淺而不盡服誦觀夫太清北神中經之屬以此自疲至死無益不亦悲哉又人苦多事少能棄世獨往山居穴處者以道教之終不能行是非仁人之意也但知房中閉氣節其私慮適飲食則得道也吾先師初著九節都解指韜形隱遯尤爲開明四極九室諸經萬三千首爲以示始涉門庭者采女具受諸要以教王王試之有驗殷王傳彭祖之術屢欲秘之乃下令國中有傳祖之道者誅之又欲

害祖以絶之祖知之乃去不知所之其後七十餘年聞人於流沙之國西見之王不常行彭祖之術得壽三百歲氣力丁壯如五十時得鄭女妖婬王失道而殂俗聞言傳彭祖之道殺人者由於王禁之故也後有黃山君者修彭祖之術數百歲猶有少容彭祖既去乃追論其言以爲彭祖經　按搜神記彭祖者殷時大夫也姓籛名鏗帝顓頊之孫陸終氏之中子歷夏而至商末時七百歲常食桂芝歷陽有彭祖仙室前世云禱請風雨莫不輒應常有兩虎在祠左右今日祠之訖地則有兩虎跡　按寧遠縣志彭祖姓籛名鏗嘗南遊居九疑山今縣南二十里有彭祖塘中有釣磯仙蹟宛然土人壽多有百歲者　按和州志彭祖詳白石山按通鑑顓頊紀云陸終生子六人三曰籛鏗封於彭是爲彭祖其孫元哲封於韋是爲豕韋當夏之世代爲侯伯又史記舜紀註云彭祖卽陸終氏之第三子籛鏗之後自堯時舉用歷夏殷封於大彭八百歲二說一卽籛鏗一卽鏗之後雖小異然曰封於彭八百歲是封之彭子孫相傳歷世至商八百也初無幻說至莊子刻意篇云吹呴呼吸吐故納新熊經鳥申此導引之士養形之人彭祖壽考者之所好也逍遙齊物二篇亦以其壽言然未言其世代壽數之謂何惟李氏註云堯臣歷虞夏至商年八百歲世本云在商爲守藏史在周爲

柱下史年八百歲一云卽老子也又神仙傳云歷虞夏至商壽八百歲喪四十九妻五十四子一統志云自堯歷夏殷封彭祖後始浮遊四方晚入蜀抵武陽留家焉始有仙說今徐州本古大彭氏國秦置彭城縣漢置徐州續博物志云彭城有彭祖塚使飛昇白日又何有塚在彭城哉因係舊志所載故存之

青烏公　黃石君

按陝西通志青烏公眞誥曰青烏公彭祖弟子入華陰山中學道積四百七十一歲後服金液昇天

按神仙傳黃石君者修彭祖之術年數百歲猶有少容亦學地仙不求昇雲

趙道隱

按魏書釋老志牧土上師李君手筆有數篇言二儀之間有三十六天中有三十宮宮有一主最高者無極至尊次曰大至眞尊次天覆地載陰陽眞尊次洪正眞尊姓趙名道隱以殷時得道牧土之師也

西極摠眞君

按茅君傳西極摠真君者茅司命之師也生於商末服青精䭀飯九轉丹用曲晨劍解之道治西城山宮年三十著繡衣芙蓉冠把鈴帶劍一漢元帝時降陽洛山授玉清處上經三十一卷晉時又降魏夫人於陽洛臺每次三月十二月亦同來句曲推校學仙別有傳未顯於世神仙傳云降蔡經家者是此君也

昌容

按女仙傳昌容者商王女也修道於常山食蓬虆根二百餘年顏如二十許能致紫草賣與染工得錢以與貧病者往來城市世世見之遠近之人奉事者千餘家竟不知其所修之道常行日中不見其影或云昌容能錬形者也忽冲天而去

卷終

神異典第二百二十五卷

神仙部列傳二

周一　蔡瓊

按洞仙傳蔡瓊字伯瑤師老子受太元陽生符還丹方合服得道白日昇天常以陽生符活已死之人但骸骨存者以符投之卽起

長桑公子

按洞仙傳長桑公子者常散髮行歌曰巾金巾入天門呼長精吸元泉鳴天鼓養丹田柱下史聞之曰彼長桑公子所歌之詞得服五星守洞房之道也

鬼谷先生

按錄異記鬼谷先生者古之眞仙也云姓王氏自軒轅之代歷於商周隨老君西至流沙洎周末復還中國居漢濱鬼谷山受道弟子百餘人惟蘇秦張儀不慕神仙好縱橫之術時王綱頹弛諸侯相征陵弱暴寡干戈云擾二子得志肆辱助於戰國之中或遇或否或屯或泰以辯謟相高爭名貪祿

無復雲林之志先生遺儀秦書曰二君足下功名赫赫但春到秋不得久茂日既將盡時既將老君不見河邊之樹乎僕馭折其枝波浪激其根此木非與天下人有讎怨所居者然也子不見嵩岱柏松霍華之樹上葉凌青雲下根通三泉上有元狐黑猿下有豹隱龍潛千秋萬歲不逢斤斧之患此木非與天下人有骨血蓋所居者然也今二子好雲路之榮慕長久之功輕喬松之永延貴一夕之浮爵痛焉悲夫二君痛焉悲夫二君儀秦答書曰先生稟德含弘饑必啖芝英渴必飲玉漿德與神靈齊明與三光同不忘賜書戒以貪味儀以不敏名聞不昭入秦匡霸欲翼時君刺以河邊喻以深山雖蒙空闇誠銜斯旨儀等曰偉哉先生元覽遐鑒興亡皎然二子不能抑志退身甘蓼蟲之樂棲竹葦之巢自掇泯滅悲夫痛哉　按拾遺記張儀蘇秦二人同志好學迭剪髮而鬻之以相養或傭力寫書非聖人之言不讀遇見墳典行途無所題記以墨書掌及股裏夜還而寫之析竹為簡二人每假食於路剝樹皮編以為書帙以盛天下良書嘗息大樹之下假息而寐有一先生問二子何勤苦也儀秦又問之子何國人答曰吾生於歸谷亦云鬼谷鬼者歸也又云歸者谷名也乃謂其術教以干世出俗之辯即探胸內得二卷說書言輔時之事古史考云鬼谷子也鬼歸相近也　按

仙傳拾遺鬼谷先生晉平公時人隱居鬼谷因爲其號先生姓王名利亦居清溪山中蘇秦張儀從之學縱橫之術二子欲馳騖諸侯之國以智詐相傾奪不可化以至道夫至道元微非下才得造次而傳先生痛其道廢絕數對蘇張涕泣然終不能悟蘇張學成別去先生與一隻履化爲犬北引二子卽日到秦矣先生凝神守一樸而不露在人間數百歲後不知所之　按香案牘秦時疫死者有鳥如烏銜草覆其面遂活有司上聞始皇遣使齎草以問先生先生云此瓊田中養神芝其葉似菰而不叢生一葉能起一人　按寧波府志周鬼谷子姓王名詡西周人受道於老君入雲氣山採藥服之顏如童居清溪之鬼谷因以爲號常遊鄴太白山南水簾洞有祠倚山臨水幽深閴寂人跡罕到眞神仙之宅也晉郭璞有詩云清溪千餘仞中有一道士雲生梁棟間風吹窻牖裏借問此何誰云是鬼谷子祠存陽堂鄉

葛由

按搜神記葛由蜀羌人也周成王時好刻木作羊賣之一旦乘木羊入蜀中蜀中王侯貴人追之上綏山綏山多桃在峨眉山西南高無極也隨之者不復還皆得仙道故里諺曰得綏山一桃雖不能

仙亦足以豪山下立祠數十處

萬輔先生

按續文獻通考萬輔先生字君孝周成王時人跨白驢入三峰山結草爲廬舍煉丹得道故後世名曰廬山

匡續

按安慶府志周匡續字子孝嘗乘雲入關師事老子還廬山受業劉越真人門積功累行周成王時遐舉嘗於潛山棲隱至今有遺跡焉（按六安州志續作俗夏禹之裔餘與安慶志同但又按九江府志匡俗乃漢時人事蹟亦與此異恐俗與續非一人今兩存之）

尹喜

按雲笈七籤樓觀仙師傳及樓觀本記並云昔周康王聞尹先生有神僊大度之志乃拜爲大夫并賜宅名因號此宅爲樓觀焉次昭王時大夫過老君因遂得道其次穆王乃欽尚遺塵爲建祠脩觀故樓觀碑云樓觀者昔周康王大夫關令尹喜所立也以其結草爲樓因卽爲號　按續文獻通考關令尹喜字公文周大夫善內學常服日精月華隱德修行時人莫知老子西遊喜先見紫氣來

知有眞人當過物色而遮之果得老子老子亦知其奇爲著書授之曰千日之外尋我於蜀中靑羊之肆至期果見於大官李氏家老子集衆僊册號尹爲文始先生位爲無上眞人與俱遊流沙莫知所終尹喜亦自著書九篇號關尹子　按香案牘文始先生生室中陸地生蓮花結草爲樓精思至道

尹軌

按神仙傳尹軌者字公度太原人也博學五經尤明天文星氣河洛讖緯無不精微晚乃學道常服黃精華日三合計年數百歲其言天下盛衰安危吉凶未嘗不效腰佩漆竹筒十數枚中皆有藥言可辟兵疫常與人一丸令佩之會世大亂鄉里多罹其難惟此家免厄又大疫時或得粒許大塗門則一家不病弟子黃理居陸渾山中患虎暴公度使其斷木爲柱去家五里四方各埋一柱公度即印封之虎即絕跡到五里輒還有怪鳥止屋上者以白公度公度爲書一符著鳥所鳴處至夕鳥伏死符下或有人遭喪當葬而貧汲汲無以辦公度過省之孝子遂說其孤苦公度爲之愴然令求一片鉛公度入荊山架小屋於爐火中銷鉛以所帶藥如米大投鉛中攪之乃成好銀與之告曰吾念

汝貧困不能營葬故以拯救愼勿多言也有人負官錢百萬身見收縛公度於富人借數千錢與之令致錫得百兩復銷之以藥方寸匕投之成金還官後到太和山中仙去也　按雲笈七籤太和眞人尹軌字公度太原人也乃文始先生之從弟少學天文兼通讖緯來事先生因教服黃精花及授諸道經凡百餘篇皆蒙口訣先生登眞之後卽與隱士杜沖等同於先生宅修學時年二十八絕粒行氣專修上法太上裒之賜任太和眞人仍下統仙寮於杜陽宮時復出遊帶神丹十餘筒周歷天下濟護有緣或鍊金銀以賑貧窮或行丹藥以救危厄求眞之人咸得其福利焉或上朝玉京校一切行業善惡報應宿命之期或論天地日月星辰運度賒促之分或遊宴諸天參校神仙圖籙品位部御之方或論童眞始仙威儀俯仰之格或臨諸地領察兆人建功立行齋請之福或監度學道男女經方藥餌之道或遊百山千川檢閱神司鬼神考錄罪福之目或論風雨雷電水旱豐儉之事焉凡所遊行或爲道士或爲儒生或爲童兒或爲長老不可以一途限也或與羣眞衆仙驂龍馭鳳策空躡虛雲馳電邁出有入無分形散影處處遊集或巡五嶽之洞適十洲之宮出八荒之域入九幽之府或酌碧海之津挹元丘之雲採丹華於閬苑掇絳實於玉圃故上清瓊文帝章曰太和眞人

與太華眞人三天長生君南極總司禁君西臺中侯北帝中眞九靈王子太靈仙妃赤精玉童元谷先生南嶽赤松子中山王喬紫陽眞人西城王君中黃先生趙伯元山仲宗等同修行三眞寶經上法皆面發金容頂負圓光乘虛登霄遊宴紫庭變化萬方適意翺翔嘯命立到徵召萬靈攝制羣魔決斷生死駕霄乘煙出入帝庭焉

杜沖

按雲笈七籤太極眞人杜沖字元逸鎬京人也以周昭王丁巳年聞文始先生登眞乃於茲靈宅棲元學道於時幽人逸士自遠而來者有五人焉並沈默虛遠方雅高素道術相忘共弘不伐之則也後穆王聞之爲修觀建祠置沖爲道士焉將以氣均巢許德爲物範故天子禮之而不臣諸侯敬之而不爵焉以其弘修道業故也沖閑居幽室吟咏道德常攝護氣液吐納光華經二十餘載幽感眞人展先生降於寢靜侍者二人捧碧玉函立於左右沖乃拜首求哀蒙授九華丹方一函謂沖曰老君與尹先生於東海八停山召太帝集點眞天下山川洞室仙人不遠而至時有地司保舉子之勤勞老君勅我付爾仙經也沖依按合服而身生玉映五臟堅潤栽容氣息又感眞人李君授以太上

素靈洞元大有妙經沖復脩之甚得其驗遂乃解胞釋結保命凝眞領攝羣神洞觀衆妙爲穆王親崇道教以祈神仙共篤遺風之駿日馳千里中到崑崙山昇雲圃之宮西詣龜山謁王母於青琳之室東遊碧海展敬丈人採若木之華北適元壟南邈長離同挹絳山之髓驅策虎豹役使百靈通冥達幽莫測其涯年一百二十餘以懿王己亥歲上清元君遣僊官下迎授書爲太極眞人下任王屋山僊王矣

周穆王

按穆天子傳丁巳天子西征己未宿于黃鼠之山乃遂西征癸亥至於西王母之邦吉日甲子天子賓於西王母乃執白圭元璧以見西王母好獻錦組百純組三百純西王母再拜受之乙丑天子觴西王母於瑤池之上西王母爲天子謠曰白雲在天山陵自出道里悠遠山川閒之將子無死尚能復來天子答之曰予歸東土和治諸夏萬民平均吾顧見汝比及三年將復而野天子遂驅升於弇山乃紀丌跡於弇山之石而樹之槐眉曰西王母之山　按僊傳拾遺周穆王名滿房后所生昭王子也昭王南巡不還穆王乃立時年五十矣立五十四年一百四歲王少好神僊之道常欲使車

轍馬跡遍於天下以倣黃帝焉乃乘八駿之馬奔戎使造父為御得白狐元貉以祭於河宗導車涉弱水魚鼈黿鼉以為梁遂登於舂山觴西王母於瑤池之上又至於雷首太行遂入於宗周時尹喜既通流沙草樓於終南之陰王追其舊跡招隱士尹軌杜冲居於草樓之所因號樓觀祭父自鄭圃來謁諫王以徐偃之亂王乃返國宗社復安王造崐崘時飲蜂山石髓食玉樹之實又登羣玉山西王母所居皆得飛靈冲天之道而示跡託形者蓋所以示民有終耳況其飲琬琰之膏進甜雪之味素蓮黑棗碧藕白橘皆神仙之物得不延期長生乎又云西王母降穆王之宮相與昇雲而去

化人

按列子周穆王篇周穆王時西極之國有化人來入水火貫金石反山川移城邑乘虛不墜觸實不硋千變萬化不可窮極既已變物之形又且易人之慮穆王敬之若神事之若君推路寢以居之引三牲以進之選女樂以娛之化人以為王之宮室卑陋而不可處王之廚饌腥螻而不可饗王之嬪御膻惡而不可親穆王乃為之改築土木之功赭堊之色無遺巧焉五府為虛而臺始成其高千仞臨終南之上號曰中天之臺簡鄭衛之處子娥媌靡曼者施芳澤正蛾眉設笄珥衣阿錫曳齊紈粉

白黛黑珮玉環雜芷若以滿之奏承雲六瑩九韶晨露以樂之月月獻玉衣旦旦薦玉食化人猶不舍然不得已而臨之居亡幾何謁王同游王執化人之袪騰而上者中天乃止暨及化人之宮化人之宮構以金銀絡以珠玉出雲雨之上而不知下之據望之若屯雲焉耳目所觀聽口鼻所納嘗皆非人間之有王實以為清都紫微鈞天廣樂帝之所居王俯而視之其宮榭若累塊積蘇焉王是以居數十年不思其國也化人復謁王同遊所及之處仰不見日月俯不見河海光影所照王目眩不能得視音響所來王耳亂不能得聽百骸六臟悸而不凝意迷精喪請化人求還化人移之王若殞虛焉既寤所坐猶嚮者之處侍御猶嚮者之人視其前則酒未清肴未昲王問所從來左右曰王默存耳由此穆王自失者三月而復更問化人化人曰吾與王神游也形奚動哉且曩之所居奚異王之宮曩之所游奚異王之圃王閒恆疑蹔亡變化之極疾徐之閒可盡模哉王大悅

意而子

按娜嬛記周穆王迎意而子居靈卑之宮訪以至道後欲以為司徒意而子愀然不悅奮身化作元鳥飛入雲中故後人呼元鳥為意而

李八百

按神仙傳李八百者蜀人也莫知其名歷世見之時人計其年八百歲因以為號或隱山林或出市廛知漢中唐公昉有志不遇明師欲教授之乃先往試之為作客傭賃者公昉不知也八百驅使用意異於他客公昉愛異之八百乃偽病困當欲死公昉即為迎醫合藥費數十萬錢不以為損憂念之意形於顏色八百又轉作惡瘡周遍身體膿血臭惡不可忍近公昉為之流涕曰卿為吾家使者勤苦歷年常得篤疾吾取醫欲令卿愈無所悋惜而猶不愈當如卿何八百曰吾瘡不愈須人舐之當可公昉乃使三婢三婢為舐之八百又曰婢舐不愈若得君為舐之即當愈耳公昉即舐復言無益欲公昉婦舐之最佳又復令婦舐之八百又告曰吾瘡乃欲差當得三十斛美酒浴身當愈公昉即為具酒著大器中八百即起入酒中浴瘡即愈體如凝脂亦無餘痕乃告公昉曰吾是仙人也子有志故此相試子真可教也今當授子度世之訣乃使公昉夫妻并舐瘡三婢以其浴酒自浴即皆更少顏色美悅以丹經一卷授公昉公昉入雲臺山中作藥藥成服之僊去　按四川總志李八百蜀人初居筠陽之五龍岡歷夏商周年八百歲一云動則行八百里時人因號李八百或隱山林

或居廛市又修煉於華林山石室丹成還蜀中周穆王時居金堂山號紫陽眞君其後遂得仙封妙應眞人　按瑞州府志李八百續仙傳云蜀人後來高安名眞嘗得仙術自稱年八百餘歲故人以爲號又相傳白鹿先生謂陳搏曰神仙李八百動則八百里二說未詳孰是有葫蘆井煉丹臺在府西三里妙眞宮今郡治卽其故宅也楊誠齋詩云李眞宅子故依然　按陝西通志李八百居洋縣寒泉山歷夏商周人皆見之因紀其年八百遂以爲號漢末唐公昉師事之拔宅昇天有詩云

一日身遊八百里三番花落九千春

李眞多

按集仙錄李眞多神仙李脫妹也脫居蜀金堂山龍橋峯下修道蜀人歷代見之約其往來八百餘年因號曰李八百焉初以周穆王時來居廣漢棲元山合九華丹成雲遊五岳十洞二百餘年于海上遇飛陽君授水火之道還歸此山煉藥成又去數百年或隱或顯遊于市朝又登龍橋峯作九鼎金丹丹成已八百年三于此山學道故世人號此山爲三學山亦號爲賢山蓋因八百爲號丹成試之抹于崖石上頑石化玉光彩瑩潤試藥處于今尙在人或鑿崖取之卽風雷爲變眞多隨兄修道

居綿竹中今有眞多古跡猶在或來往浮山之側今號眞多化卽古浮山化也亦是地肺得水而浮眞多幼挺仙姿耽尙元理八百授其朝元默眞之要行之數百年狀如二十許人耳神氣莊肅風骨英偉異于弱女之態人或見之不敢正視其後太上老君與元古三師降而度之授以飛昇之道先于八百白日昇天化側有潭其水常赤乃古之神仙煉丹砂之泉浮山亦名蔦安山上有二師井飲之愈疾今以眞多之名故爲眞多化也八百又于什邡仙居山三月八日白日昇天

李明香

按瑞州府志李明香李八百女弟也初修行於華林山之元秀峯後於五龍岡冲舉蘇詩有弟妹還應共一家之語

宋倫

按雲笈七籤太清眞人宋倫字德元洛陽人也以厲王甲辰歲入道於是凝心寢景抱一沖和不交人事日誦五千文數遍服黃精白朮積二十餘年乃密感老君項負圓明面放金光披九色離羅之帔建七映暉晨之冠有仙童六人負眞執籙倫飭圖乞哀乃告倫曰吾有景中之道通眞之經生乎

三元之始出乎九元之庭五德合慶六氣凝精分眞散景保遐固齡子能修之立致雲軿出有入無徹幽洞冥三光並耀二氣齊靈變化適意飛昇上清倫拜受之乃開蘊出靈飛六甲素奏丹符以付於倫倫得經修之乃自然通感常有玉童六人更遞侍之察物如神言無不驗能望巖甲步淩波涉險不由津路或化爲麋鹿或託作鳩鴿翺翔原陸試人之心年九十餘以景王時受書爲太清眞人下司中嶽神仙之錄焉　按河南府志宋倫專精好道服黃精二十餘年周厲王時事老聃授以通眞經能飄然飛步淩波涉險或化爲鳥獸以試人心獵者逐不能及射不能至與病者同處其病自瘥至宣王丁巳歲上昇爲仙

韓偉遠

按盩厔縣志周韓偉遠九疑山眞人也受業於嵩高宋德元德元乃周宣王時人

馮長

按續文獻通考馮長驪山人周宣王時爲柱下史觀天文之變乃退隱攝生遇鄧眞人授以靈書功行垂成復遇彭眞人授以太上隱書遂得道用術濟人平王三十年昇仙而去今爲西嶽眞人

玉子

按神仙傳玉子者姓韋名震南郡人也少好學周幽王徵之不出乃歎曰人生世間日失一日去生轉遠去死轉近而但貪富貴不知養性命命盡氣絕則死位為王侯金玉如山何益於灰土乎獨有神仙度世可以無窮耳乃師長桑子具受衆術乃別造一家之法著道書百餘篇其術以務魁為主而精於五行之意演其微妙以養性治病消災散禍能起飄風發屋折木作雷雨雲霧能以木瓦石為六畜龍虎立成能分形為百千人能涉江海含水噴之皆成珠玉亦不變或時閉氣不息舉之不起推之不動屈之不曲伸之不直或百日數十日乃起每與弟子行各丸泥為馬與之皆令閉目須臾成大馬乘之日行千里又能吐氣五色起數丈見飛鳥過指之即墮臨淵投符召魚鼈之屬悉來上岸能令弟子舉眼見千里外物亦不能久也其務魁時以器盛水著兩肘之間噓之水上立有赤光輝輝起一丈以此水治病病在內者飲之在外者洗之皆立愈後入崆峒山合丹白日昇天而去

離明

按神仙傳太陽子姓離名明本玉子同年友也玉子學道已成太陽子乃事玉子盡弟子之禮不敢

憐愈玉子特親愛之有門人三千餘人莫與其比也好酒常醉頗以此見責然善爲五行之道雖鬢髮斑白而肌膚豐盛面目光華三百餘歲猶自不改玉子謂之曰汝當理身養性而爲衆賢法師而低迷大醉功業不修大藥不合雖得千歲猶未足以免死況數百歲者乎此凡庸所不爲況於達者乎對曰晚學性剛俗態未除故以酒爲驅其驕慢如此著七寶樹之術深得道要服丹得仙時時在世間五百歲中面如少童多酒故其鬢髮皓白也

蕭史

按續文獻通考蕭史周宣王時人父蕭欽好道老君降其家而生初無名宣王以史籍散失召爲史官故人以史目之善吹簫能致孔雀白鶴於庭秦穆公有女字弄玉好之公遂令孟明爲媒蹇叔爲賓以女妻焉日教弄玉作鳳鳴居數年吹似鳳聲鳳鳥來止其屋公爲作鳳臺夫妻居其上一旦隨鳳鳥飛去故秦人作鳳女祠於雍宮中時有簫聲　按江西通志秦蕭史配秦穆公女弄玉好吹簫夫婦跨鶴上昇在簫壇峯有石泉出匯於潭源

馬丹

按列仙傳馬丹者晉狄人也當文侯時為大夫至獻公時復為幕正獻公滅狄殺恭太子丹去至趙宣子時乘安車入晉都候諸大夫靈公欲仕之逼不以禮有迅風發屋丹入旋風中而去北方人尊而祠之

赤須子

按列僊傳赤須子豐人也豐中傳世見之云秦穆公主魚吏也數言豐界災害水旱十不失一臣向迎而師之以長好食松實天門冬石脂齒落更生髮白還黑服霞絕粒後往吳山下十餘年莫知所之

按蘇州府志抱朴子云以其鬚髯皆赤故名穹窿山有赤松子采石脂卽此

介之推

按左傳晉侯賞從亡者介之推不言祿祿亦弗及推曰獻公之子九人唯君在矣惠懷無親外內棄之天未絕晉必將有主主晉祀者非君而誰天實置之而二三子以為己力不亦誣乎竊人之財猶謂之盜況貪天之功以為己力乎下義其罪上賞其姦上下相蒙難與處矣其母曰盍亦求之以死誰懟對曰尤而效之罪又甚焉且出怨言不食其食其母曰亦使知之若何對曰言身之文也身將

隱焉用文之是求顯也其母曰能如是乎與女偕隱遂隱而死晉侯求之不獲以綿上爲之田曰以志吾過且旌善人　按列仙傳介之推者姓王名光晉人也　按香案牘之推與趙宣子遊旦有黃雀在門上晉公重耳異之後見東海邊爲王俗翁賣扇

王子喬

按汲冢周書晉平公使叔譽于周見太子晉而與之言五稱而五窮逡巡而退其不遂歸告公曰太子晉行年十五而臣弗能與言君請歸聲就復與田若不反及有天下將以爲誅平公將歸之師曠不可曰請使瞑臣往與之言若能幪予反而復之師曠見太子稱曰吾聞王子之語高於泰山夜寢不寐晝居不安不遠長道而求一言王子應之曰吾聞太師將來甚喜而又懼吾年甚少見子而懾盡忘吾其度師曠曰吾聞王子古之君子甚成不驕自晉始如周行不知勞王子應之曰古之君子其行至慎天下施關道路無限百姓悅之相將而遠遠人來驩視道如尺師曠告善又稱曰古之君子其行可則由舜而下其孰有廣德王子應之曰如舜者天舜居其所以利天下奉翼遠人皆得已仁此之謂天如禹者聖勞而不居以利天下好取不好與必度其正此之謂聖如文王者其大道仁

其小道惠三分天下而有其二敬人無方服事于商既有其衆而返失其身此之謂仁如武王者義殺一人而以利天下異姓同姓各得之謂義師曠告善又稱曰宣辯名命異姓惡方王侯君公何以爲尊何以爲上王子應之曰人生而重丈夫謂之胄子胄子成人能治上官謂之士士率衆時作謂之曰伯伯能移善於衆與百姓同謂之公公能樹名與物天道俱謂之侯侯能成羣謂之君君有廣德分任諸侯而敦信曰予一人善至於四海曰天子達於四荒曰天王四荒至莫有怨訾乃登爲帝師曠罄然又稱曰溫恭敦敏方德不改聞物知微下學以起尚登帝臣乃參天子自古誰能王子應之曰穆穆虞舜明明赫赫立義治律萬物皆作分均天財萬物熙熙非舜而誰能師曠東躅其足曰善哉善哉王子曰太師何舉足驟師曠曰天寒足躅是以數也王子曰請入坐遂敷席注瑟師曠歌無射曰國誠寧矣遠人來觀修義經矣好樂無荒乃注瑟于王子王子歌嶠曰何自南極至于北極絶境越國弗愁道遠師曠蹶然起曰瞑臣請歸王子賜之乘車四馬曰太師亦善御之師曠對曰御吾未之學也王子曰汝不爲夫時詩云馬之剛矣轡之柔矣馬亦不剛轡亦不柔志氣麃麃取予不疑以是御之師曠對曰瞑臣無見爲人辯也唯耳之恃而耳又寡聞而易窮王子汝將爲天下宗乎

王子曰太師何汝賤我乎自庖犧以下至於堯舜禹未有一姓而再有天下者夫大當時而不伐天何可得且吾聞汝之人年長短告吾師曠對曰汝聲清汗汝色赤白火色不壽王子曰吾後三年上賓于帝所汝愼無出言將及汝師曠歸未及三年告死者至　按列仙傳王子喬周靈王太子晉也好吹笙作鳳凰鳴遊伊洛之間道士浮丘公接以上嵩山三十餘年後求之於山上見桓良曰告我家七月七日待我于緱氏山巔至時果乘白鶴駐山頭望之不得到拱手謝時人數日而去乃立祠於緱氏山下及嵩高首焉　按香案牘喬葬蒙城東自成塚其夕縣中牛皆流汗喘乏或云葬橋山即太子晉　按江南通志喬乃周靈王太子嘗於終南山學仙後避於巢遂煉丹洞中拔劍刺地湧泉甘潔一日仙去　按天台縣志王喬字子晉靈王太子好吹簫作鳳鳴浮丘公接以上嵩高三十餘年後人求之不得偶見桓良曰告我家人七月七日待我緱氏山至時果見喬乘白鶴而去道家稱爲左弼眞人治桐柏山掌吳越水旱五代時封元弼眞君宋政和三年封元應眞人紹興間加號善利廣濟眞人

長桑君

按史記扁鵲傳扁鵲者渤海郡鄭人也姓秦氏名越人少時爲人舍長舍客長桑君過扁鵲獨奇之常謹遇之長桑君亦知扁鵲非常人也出入十餘年乃呼扁鵲私坐閒與語曰我有禁方年老欲傳與公公毋泄扁鵲曰敬諾乃出其懷中藥予扁鵲飲是以上池之水三十日當知物矣乃悉取其禁方書盡與扁鵲忽然不見殆非人也扁鵲以其言飲藥三十日視見垣一方人以此視病盡見五藏癥結特以診脈爲名耳

陸通

按列仙傳陸通者楚狂接輿也好養生食橐櫨木實及蕪菁子遊諸名山住蜀峨嵋山上人世世見之歷數百年也　按高士傳陸通字接輿楚人也好養性躬耕以爲食楚昭王時通見楚政無常乃佯狂不仕故時人謂之楚狂孔子適楚楚狂接輿遊其門曰鳳兮鳳兮何如德之衰也來世不可待往世不可追也天下有道聖人成焉天下無道聖人生焉方今之時僅免刑焉福輕乎羽莫之知載禍重乎山莫之知避已乎已乎臨人以德殆乎殆乎畫地而趨迷陽迷陽無傷吾行郤曲郤曲無傷吾足山木自寇也膏火自煎也桂可食故伐之漆可用故割之人皆知有用之用而不知無用之

用也孔子下車欲與之言趨而避之不得與之言楚王聞陸通賢遣使者持金百鎰車馬二駟往聘通曰王請先生治江南通笑而不應使者去妻從市來曰先生少而爲義豈老違之哉門外車跡何深也妾聞義士非禮不動妾事先生躬耕以自食親織以爲衣食飽衣暖其樂自足矣不如去之於是夫負釜甑妻戴紝器變名易姓游諸名山食桂櫨實服黃菁子隱蜀峨嵋山壽數百年俗傳以爲仙云

屈處靜

按祁陽縣志屈處靜相傳春秋時楚白公出奔避居此深山以元孫改姓屈名處靜即絕頂鍊丹丹成乘白鶴上昇至今名其山爲白鶴山按史無白公出奔之文且王族三姓曰昭屈景皆在其先非白公裔也或以爲屈大夫之族豈其然乎

琴高

按搜神記琴高趙人也能鼓琴爲宋康王舍人行涓彭之術浮游冀州涿郡間二百餘年後辭入涿水中取龍子與諸弟子期之曰明日皆潔齋候於水旁設祠屋果乘赤鯉魚出來坐祠中且有萬人

觀之留一月乃復入水去　按吳地記乘魚橋在交讓瀆郡人丁法海與琴高友善高世不仕嘗營東皐之田時歲大稔二人行田畔忽見一大鯉魚長可丈餘一角兩足雙翼舞於高田法海試上魚背靜然不動良久遂下請高登魚背乃舉翼飛騰沖天而去　琴高宅在交讓瀆法海寺西五十步法海寺濟陽丁法海舍宅所置法海蓋丁令威之裔殿西浮圖下有令威煉丹井也　按涇縣志琴高隱涇縣北二十里山巖修煉道成控鯉上昇因名其山上曰琴高臺溪曰琴溪上有煉丹洞隱而巖溪中每歲上巳前後數日出小魚相傳爲藥渣魚他時他水並無之

蘇林

按周季通元洲上卿蘇君傳先師姓蘇諱林字子元濮陽出水人也少稟異操獨逸無倫訪眞之志與日彌篤常負擔至趙師琴高先生時年二十一受煉氣益命之道琴高初爲周康王門下舍人以內行補精術及丹法能水游飛行時已九百歲惟不死而已非仙也後乘赤鯉入水或出入人間而林託景丹霄志不終此後改師華山仙人仇先生仇先生者湯王時木匠也服胎食之法還神守魂之事大得其益先生曰子眞人也當學眞道我跡不足躡矣乃致林於涓子涓子者眞人也既見之

遂授以眞訣告林曰欲作地上眞人必先服食藥物除去三尸殺滅穀蟲三尸者一名青古伐人眼是故目暗面皺口臭齒落由是青古之氣穿鑿泥丸也二名白姑伐人五臟是故心耄氣少喜忘荒悶由白姑貫穿六府之液也三名血尸伐人胃管是故腸輪煩滿骨枯肉焦志意不開所思不固失食則饑悲愁感歎精誠昏怠神爽雜錯由血尸流噬魂胎之關也若不去三尸而服藥者穀食雖斷蟲猶不死也徒絕五味雖勤吐納亦無益者蓋其蟲生而求人不死不可得也是故服食不辟於死生由青古白姑血尸三鬼不去所致爾雖復斷穀人體重滯奄奄悵惘又所夢非眞顛倒翻錯邪淫不除由蟲在內搖動五神故也凡欲求眞當先服制蟲丸制蟲丸者一名初神去本丸也欲作眞人當先服制仙丸制仙丸者太上八瓊飛精之丹也夫求長生不死僊眞之初罔不先服制蟲丸以除尸蟲建長生之根矣若人腹中有蟲盜得仙乎形中饒鬼安得眞乎其蟲凶惡速人之死故當除之涓子後告林曰我被帝召上補中黃四司大夫領北海公去世無復日也後林詣涓子寢靜之室得書一幅以遺林也其文曰五斗三一太帝所祕精思二十年三一相見授子書矣但有三一長生不滅況復守之乎能存三一名刊玉札況與三一相見乎加存洞房爲上清公加知三元爲五帝君後

聖金闕帝君所以乘景迅雷周行十天實由洞房三元眞一之道吾餌朮精三百年服氣五百年精思六百年守三一三百年守洞房六百年守元丹五百年中間復周遊名山看望八海廻翔五嶽休息洞室樂林草之垂條與鳥獸之相激川瀆吐精丘陵翁鬱萬物之秀寒暑之節弋釣長流遨遊元瀨靜心山岫念眞養氣呼召六丁玉女見衛展轉六合無所羈束守形思眞二千八百餘年實樂中仙不求聞達今卒被召上補天位徘徊世澤惆悵絕氣吾其去矣請從此別子勤勖之相望颷室也林省書流涕徬徨拜辭涓師之迹於是絕矣夫元丹者泥丸之神也其法出太上素靈訣守三一為地眞守洞房為眞人守元丹為太微官也林謹奉法術施行道成周觀天下遊眺名山分形散影寢息丹陵賣履市巷醜形試眞得意而棲遯化不倫時人莫能識也以漢元帝神爵二年三月六日告季通曰我昨夜元洲召為眞命上卿領太極中候大夫與汝別比明旦有雲車羽蓋驂龍駕虎侍從數千人迎林郎日登天冉冉西北而去良久雲氣覆之遂絕林未去之時先是太極遣使者下拜為中嶽眞人後又太上遣玉郎下拜為五嶽地眞人宮在丹陵子見先師得道為仙已三被拜受而乃登昇蓋洪德高妙元韻宿感靈化虛源神澄八方龍昇鳳逐飛步眞門隱顯津梁觀試風塵其道神

矣其法珍矣非紙札纖意所能逃宜今聊撰本師之標略爾將來有道之士以遊目也　按雲笈七籤紫陽眞人周君內傳蘇子元本衛人靈公末年生

寇先生

按列仙傳寇先生者宋人也釣魚爲業居睢水傍百餘年得魚或放或賣或食常著冠帶好種荔枝食其葩實焉宋景公問其道不告卽殺之後數十年踞宋城門鼓琴數十日而去宋人家家奉祀焉

范蠡

按史記越世家范蠡事越王勾踐既苦身戮力與勾踐深謀二十餘年竟滅吳報會稽之恥北渡兵於淮以臨齊晉號令中國以尊周室勾踐以霸而范蠡稱上將軍還反國范蠡以爲大名之下難以久居且勾踐爲人可與同患難與處安爲書辭勾踐曰臣聞主憂臣勞主辱臣死昔者君王辱於會稽所以不死爲此事也今既以雪恥臣請從會稽之誅勾踐曰孤將與子分國而有之不然將加誅於子范蠡曰君行令臣行意乃裝其輕寶珠玉自與其私徒屬乘舟浮海以行終不反於是勾踐表會稽山以爲范蠡奉邑范蠡浮海出齊變姓名自謂鴟夷子皮耕於海畔苦身戮力父子治產居無

幾何致產數千萬齊人聞其賢以為相范蠡喟然歎曰居家則至千金居官則致卿相此布衣之極也久受尊名不祥乃歸相印盡散其財以分與知友鄉黨而懷其重寶閒行以去止於陶以為此天下之中交易有無之路通為生可以致富矣於是自謂陶朱公後約要父子耕畜廢居候時轉物逐什一之利居無何則致貲累巨萬天下獨陶朱公朱公居陶生少子少子及壯而朱公中男殺人囚於楚朱公曰殺人而死職也然吾聞千金之子不死於市告其少子往視之乃裝黃金千鎰置褐器中載以一牛車且遣其少子朱公長男固請欲行朱公不聽長男曰家有長子曰家督今弟有罪大人不遣乃遣少弟是吾不肖欲自殺其母為言曰今遣少子未必能生中子也而先空亾長男奈何朱公不得已而遣長子為一封書遺故所善莊生曰至則進千金于莊生所聽其所為慎無與爭事長男既行亦自私齎數百金至楚莊生家負郭披藜藋到門居甚貧然長男發書進千金如其父言莊生曰可疾去矣慎毋留卽弟出勿問所以然長男既去不過莊生而私留以其私齎獻遺楚國貴人用事者莊生雖居窮閻然以廉直聞於國自楚王以下皆師尊之及朱公進金非有意受也欲以成事後復歸之以為信耳故金至謂其婦曰此朱公之金有如病不宿誡後復歸勿動而朱公長男

不知其意以爲殊無短長也莊生閒時入見楚王言某星宿某此則害於楚楚王素信莊生曰今爲奈何莊生曰獨以德爲可以除之楚王曰生休矣寡人將行之王乃使使者封三錢之府楚貴人驚告朱公長男曰王且赦曰何以也曰每王且赦常封三錢之府昨暮王使使封之朱公長男以爲赦弟固當出也重千金虛棄莊生無所爲也乃復見莊生莊生驚曰若不去邪長男曰固未也初爲事弟弟今議自赦故辭生去莊生知其意欲復得其金曰若自入室取金長男卽自入室取金持去獨自歡幸莊生羞爲兒子所賣乃入見楚王曰臣前言某星事王言欲以修德報之今臣出道路皆言陶之富人朱公之子殺人囚楚其家多持金錢賂王左右故王非能卹楚國而赦乃以朱公子故也楚王大怒曰寡人雖不德耳奈何以朱公之子故而施惠乎令論殺朱公子明日遂下赦令朱公長男竟持其弟喪歸至其母及邑人盡哀之唯朱公獨笑曰吾固知必殺其弟也彼非不愛其弟顧有所不能忍者也是少與我俱見苦爲生難故重棄財至如少弟者生而見我富乘堅驅良逐狡兎豈知財所從來故輕棄之非所惜吝前日吾所爲欲遣少子固爲其能棄財故也而長者不能故卒以殺其弟事之理也無足悲者吾日夜固以望其喪之來也故范蠡三徙成名于天下非苟去而已所

止必成名卒老死于陶故世傳曰陶朱公注張華曰陶朱公塚在南郡華容縣西樹碑云是越之范蠡也　按香案牘范蠡好服桂飲水賣藥蘭陵于北郘山得仙異

神仙部列傳三

周二　莊周

按史記本傳莊子者蒙人也名周周嘗爲蒙漆園吏與梁惠王齊宣王同時其學無所不闚然其要本歸於老子之言故其著書十餘萬言大抵率寓言也作漁父盜跖胠篋以詆訾孔子之徒以明老子之術畏累虛亢桑子之屬皆空語無事實然善屬書離辭指事類情用剽剝儒墨雖當世宿學不能自解免也其言洸洋自恣以適己故自王公大人不能器之楚威王聞莊周賢使使厚幣迎之許以爲相莊周笑謂楚使者曰千金重利卿相尊位也子獨不見郊祭之犧牛乎養食之數歲衣以文繡以入太廟當是之時雖欲爲孤豚豈可得乎子亟去無汚我我寧游戲汚瀆之中自快無爲有國者所羈終身不仕以快吾志焉　按莊子逍遙遊惠子謂莊子曰魏王貽我大瓠之種我樹之成而實五石以盛水漿其堅不能自舉也剖之以爲瓢則瓠落無所容非不呺然大也吾爲其無用而掊之莊子曰夫子固拙於用大矣宋人有善爲不龜手之藥者世世以洴澼絖爲事客聞之請買其

方百金聚族而謀曰我世世爲洴澼絖不過數金今一朝而鬻技百金請與之客得之以說吳王越有難吳王使之將冬與越人水戰大敗越人裂地而封之能不龜手一也或以封或不免於洴澼絖則所用之異也今子有五石之瓠何不慮以爲大樽而浮乎江湖而憂其瓠落無所容則夫子猶有蓬之心也夫惠子謂莊子曰吾有大樹人謂之樗其大本擁腫而不中繩墨其小枝卷曲而不中規矩立之塗匠者不顧今子之言大而無用衆所同去也莊子曰子獨不見狸狌乎卑身而伏以候敖者東西跳梁不避高下中於機辟死於網罟今夫斄牛其大若垂天之雲此能爲大矣而不能執鼠今子有大樹患其無用何不樹之於無何有之鄉廣莫之野彷徨乎無爲其側逍遙乎寢臥其下不夭斤斧物無害者無所可用安所困苦哉　天運篇商太宰蕩問仁於莊子莊子曰虎狼仁也曰何謂也莊子曰父子相親何爲不仁曰請問至仁莊子曰至仁無親太宰曰蕩聞之無親則不愛不愛則不孝謂至仁不孝可乎莊子曰不然夫至仁尙矣孝固不足以言之此非過孝之言也不及孝之言也夫南行者至於郢北面而不見冥山是何也則去之遠也故曰以敬孝易以愛孝難以愛孝易而忘親難忘親易使親忘我難使親忘我易兼忘天下難兼忘天下易使天下兼忘我難夫德遺堯

舜而不為也利澤施於萬世天下莫知也豈直太息而言仁孝乎哉夫孝悌仁義忠信貞廉此皆自勉以役其德者也不足多也故曰至貴國爵并焉至富國財并焉至願名譽并焉是以道不渝秋水篇公孫龍問於魏牟曰龍少學先王之道長而明仁義之行合同異離堅白然不然可不可困百家之知窮衆口之辯吾自以為至達已今吾聞莊子之言茫焉異之不知論之不及與知之弗若與今吾無所開吾喙敢問其方公子牟隱几太息仰天而笑曰子獨不聞夫埳井之鼃乎謂東海之鼈曰吾樂與吾跳梁乎井幹之上入休乎缺甃之崖赴水則接腋持頤蹶泥則沒足滅跗還虷蟹與科斗莫吾能若也且夫擅一壑之水而跨跱埳井之樂此亦至矣夫子奚不時來入觀乎東海之鼈左足未入而右膝已縶矣於是逡巡而卻告之海曰夫千里之遠不足以舉其大千仞之高不足以極其深禹之時十年九潦而水弗為加益湯之時八年七旱而崖不為加損夫不為頃久推移不以多少進退者此亦東海之大樂也於是埳井之鼃聞之適適然驚規規然自失也且夫知不知是非之境而猶欲觀於莊子之言是猶使蚊負山商蚷馳河也必不勝任矣且夫知不知論極妙之言而自適一時之利者是非埳井之鼃與且彼方跐黃泉而登大皇無南無北奭然四解淪于不測無東無

西始于元冥反于大通子乃規規然而求之以察索之以辯是直用管闚天用錐指地也不亦小乎子往矣且子獨不聞夫壽陵餘子之學行于邯鄲與未得國能又失其故行矣直匍匐而歸耳今子不去將忘子之故失子之業公孫龍口呿而不合舌舉而不下乃逸而走莊子釣于濮水楚王使大夫二人往先焉曰願以境內累矣莊子持竿不顧曰吾聞楚有神龜死已三千歲矣王巾笥而藏之廟堂之上此龜者寧其死為留骨而貴乎寧其生而曳尾於塗中乎二大夫曰寧生而曳尾於塗中莊子曰往矣吾將曳尾於塗中惠子相梁莊子往見之或謂惠子曰莊子來欲代子相於是惠子恐搜於國中三日三夜莊子往見之曰南方有鳥其名鵷鶵子知之乎夫鵷鶵發於南海而飛於北海非梧桐不止非練實不食非醴泉不飲於是鴟得腐鼠鵷鶵過之仰而視之曰嚇今子欲以子之梁國而嚇我耶莊子與惠子游於濠梁之上莊子曰儵魚出遊從容是魚樂也惠子曰子非魚安知魚之樂莊子曰子非我安知我不知魚之樂惠子曰我非子固不知子矣子固非魚也子之不知魚之樂全矣莊子曰請循其本子曰汝安知魚樂云者既已知吾知之而問我我知之濠上也　至樂篇

莊子妻死惠子弔之莊子則方箕踞鼓盆而歌惠子曰與人居長子老身死不哭亦足矣又鼓盆而

歟不亦甚乎莊子曰不然是其始死也我獨何能無慨然察其始而本無生非徒無生也而本無形非徒無形也而本無氣雜乎芒芴之間變而有氣氣變而有形形變而有生今又變而之死是相與爲春夏秋冬四時行也人且偃然寢於巨室而我嗷嗷然隨而哭之自以爲不通乎命故止也莊子之楚見空髑髏髐然有形撽以馬捶因而問之曰夫子貪生失理而爲此乎將子有亡國之事斧鉞之誅而爲此乎將子有不善之行愧遺父母妻子之醜而爲此乎將子有凍餒之患而爲此乎將子之春秋故及此乎于是語卒援髑髏枕而臥夜半髑髏見夢曰子之談者似辯士諸子所言皆生人之累也死則無此矣子欲聞死之說乎莊子曰然髑髏曰死無君于上無臣于下亦無四時之事從然以天地爲春秋雖南面王樂不能過也莊子不信曰吾使司命復生子形爲子骨肉肌膚反子父母妻子閭里知識子欲之乎髑髏深矉蹙頞曰吾安能棄南面王樂而復爲人間之勞乎　山木篇

莊子行於山中見大木枝葉盛茂伐木者止其旁而不取也問其故曰無所可用莊子曰此木以不材得終其天年夫子出于山舍于故人之家故人喜命豎子殺鴈而烹之豎子請曰其一能鳴其一不能鳴請奚殺主人曰殺不能鳴者明日弟子問於莊子曰昨日山中之木以不材得終其天年今

主人之鴈以不材死先生將何處莊子笑曰周將處夫材與不材之間材與不材之間似之而非也故未免乎累若夫乘道德而浮游則不然無譽無訾一龍一蛇與時俱化而無肯專爲一上一下以和爲量浮游乎萬物之祖物物而不物于物則胡可得而累耶此神農黃帝之法則也若夫萬物之情人倫之傳則不然合則離成則毀廉則挫尊則議有爲則虧賢則謀不肖則欺胡可得而必乎哉悲夫弟子志之其惟道德之鄉乎　莊子衣大布而補之正緳係履而過魏王魏王曰何先生之憊邪莊子曰貧也非憊也士有道德不能行憊也衣弊履穿貧也非憊也此所謂非遭時也王獨不見夫騰猿乎其得柟梓豫章也攬蔓其枝而王長其間雖羿逢蒙不能眄睨也及其得柘棘枳枸之間也危行側視振動悼慄此筋骨非有加急而不柔也處勢不便未足以逞其能也今處昏上亂相之間而欲無憊奚可得邪此比干之見剖心徵也夫　莊周遊乎雕陵之樊覩一異鵲自南方來者翼廣七尺目大運寸感周之顙而集于栗林莊周曰此何鳥哉翼殷不逝目大不覩褰裳躩步執彈而留之覩一蟬方得美蔭而忘其身螳螂執翳而搏之見得而忘其形異鵲從而利之見利而忘其眞莊周怵然曰噫物固相累二類相召也捐彈而反走虞人逐而誶之莊周反入三月不庭藺且從而

問之夫子何爲頃間甚不庭乎莊周曰吾守形而忘身觀于濁水而迷于清淵且吾聞諸夫子曰入其俗從其俗今吾遊于雕陵而忘吾身異鵲感吾顙遊于栗林而忘眞栗林虞人以吾爲戮吾所以不庭也　田子方篇莊子見魯哀公哀公曰魯多儒士少爲先生方者莊子曰魯少儒哀公曰舉魯國而儒服何謂少乎莊子曰周聞之儒者冠圜冠者知天時履方履者知地形緩佩玦者事至而斷君子有其道者未必爲其服也爲其服者未必知其道也公固以爲不然何不號于國中曰無此道而爲此服者其罪死于是哀公號之五日而魯國無敢儒服者獨有一丈夫儒服而立乎公門公卽召而問以國事千轉萬變而不窮莊子曰以魯國而儒者一人耳可謂多乎　知北遊篇東郭子問于莊子曰所謂道惡乎在莊子曰無不在東郭子曰期而後可莊子曰在螻蟻曰何其下邪曰在稊稗曰何其愈下邪曰在瓦甓曰何其愈甚邪曰在屎溺東郭子不應莊子曰夫子之問也固不及質正獲之問於監市履狶也每下愈況汝惟莫必無乎逃物至道若是大言亦然周徧咸三者異名同實其指一也嘗相與遊乎無何有之宮同合而論無所終窮乎嘗相與無爲乎澹而靜乎漠而清乎調而閒乎寥已吾志無往焉而不知其所至去而來不知其所止吾已往來焉而不知其所終彷徨

乎馮閎大知入焉而不知其所窮物物者與物無際而物有際者所謂物際者也不際之際際之不際者也謂盈虛衰殺彼為盈虛非盈虛彼為衰殺非衰殺彼為本末非本末彼為積散非積散也

徐無鬼篇莊子曰射者非前期而中謂之善射天下皆羿也可乎惠子曰可莊子曰天下非有公是也而各是其所是天下皆堯也可乎惠子曰可莊子曰然則儒墨楊秉四與夫子為五果孰是耶或者若魯遽者邪其弟子曰我得夫子之道矣吾能冬爨鼎而夏造冰矣魯遽曰是直以陽召陽以陰召陰非吾所謂道也吾示子乎吾道於是乎為之調瑟廢一於堂廢一於室鼓宮宮動鼓角角動音律同矣夫或改調一弦于五音無當也鼓之二十五弦皆動未始異於聲而音之君已且若是者耶惠子曰今夫儒墨楊秉且方與我以辯相拂以辭相鎮以聲而未始吾非也則奚若矣莊子曰齊人蹢子于宋者其命閽也不以完其求鈃鍾也以束縛其求唐子也而未始出域有遺類矣夫楚人寄而蹢閽者夜半於無人之時而與舟人鬬未始離于岑而足以造于怨也莊子送葬過惠子之墓顧謂從者曰郢人堊漫其鼻端若蠅翼使匠石斲之匠石運斤成風聽而斲之盡堊而鼻不傷郢人立不失容宋元君聞之召匠石曰嘗試為寡人為之匠石曰臣則嘗能斲之雖然臣之質死久矣自夫

子之死也吾無以爲質矣吾無與言之矣　則陽篇長梧封人問子牢曰君爲政焉勿鹵莽治民焉勿滅裂昔予爲禾耕而鹵莽之則其實亦鹵莽而報予芸而滅裂之其實亦滅裂而報予予來年變齊深其耕而熟耰之其禾繁以滋予終年厭飧莊子聞之曰今人之治其形理其心多有似封人之所謂遁其天離其性滅其情亡其神以衆爲故鹵莽其性者欲惡之孽爲性萑葦蒹葭始萌以扶吾形尋擢吾性竝潰漏發不擇所出漂疽疥癰內熱溲膏是也　外物篇莊周家貧故往貸粟于監河侯監河侯曰諾我將得邑金將貸子三百金可乎莊周忿然作色曰周昨來有中道而呼者周顧視車轍中有鮒魚焉周問之曰鮒魚來子何爲者邪對曰我東海之波臣也君豈有斗升之水而活我哉周曰諾我且南遊吳越之王激西江之水而迎子可乎鮒魚忿然作色曰吾失我常與我無所處吾得斗升之水然活耳君乃言此曾不如早索我于枯魚之肆　惠子謂莊子曰子言無用莊子曰知無用而始可與言用矣夫地非不廣且大也人之所用容足耳然則廁足而墊之致黃泉人尚有用乎惠子曰無用莊子曰然則無用之爲用也亦明矣　寓言篇莊子謂惠子曰孔子行年六十而六十化始時所是卒而非之未知今之所謂是之非五十九非也惠子曰孔子勤志服知也莊子曰

孔子謝之矣而其未之嘗言孔子云夫受才乎大本復靈以生鳴而當律言而當法利義陳乎前而好惡是非直服人之口而已矣使人乃以心服而不敢蘁立定天下之定已乎已乎吾且不得及彼乎

說劍篇昔趙文王喜劍劍士夾門而客三千餘人日夜相擊於前死傷者歲百餘人好之不厭如是三年國衰諸侯謀之太子悝患之募左右曰孰能說王之意止劍士者賜之千金左右曰莊子當能太子乃使人以千金奉莊子莊子弗受與使者俱往見太子曰太子何以教周賜周千金太子曰聞夫子明聖謹奉千金以幣從者夫子弗受悝尚何敢言莊子曰聞太子所欲用周者欲絕王之喜好也使臣上說大王而逆王意下不當太子則身刑而死周尚安所事金乎使臣上說大王下當太子趙國何求而不得也太子曰然吾王所見唯劍士也莊子曰諾周善為劍太子曰然吾王所見劍士皆蓬頭突鬢垂冠曼胡之纓短後之衣瞋目而語難王乃說之今夫子必儒服而見王事必大逆莊子曰請治劍服治劍服三日乃見太子太子乃與見王王脫白刃待之莊子入殿門不趨見王不拜王曰子欲何以教寡人使太子先曰臣聞大王喜劍故以劍見王王曰子之劍何能禁制曰臣之劍十步一人千里不留行王大說曰天下無敵矣莊子曰夫為劍者示之以虛開之以利後之以

發先之以至願得試之王曰夫子休就舍待命令設戲請夫子王乃校劍士七日死傷者六十餘人得五六人使奉劍於殿下乃召莊子王曰今日試使士敦劍莊子曰望之久矣王曰夫子所御杖長短如何曰臣之所奉皆可然臣有三劍惟王所用請先言而後試王曰願聞三劍曰有天子劍有諸侯劍有庶人劍王曰天子之劍何如曰天子之劍以燕谿石城為鋒齊岱為鍔晉魏為脊周宋為鐔韓魏為鋏包以四夷裹以四時繞以渤海帶以常山制以五行論以刑德開以陰陽持以春夏行以秋冬此劍直之無前舉之無上案之無下運之無旁上決浮雲下絕地紀此劍一用匡諸侯天下服矣此天子之劍也文王芒然自失曰諸侯之劍何如曰諸侯之劍以知勇士為鋒以清廉士為鍔以賢良士為脊以忠直士為鐔以豪傑士為鋏此劍直之亦無前舉之亦無上案之亦無下運之亦無旁上法圓天以順三光下法方地以順四時中和民意以安四鄉此劍一用如雷霆之震也四封之內無不賓服而聽從君命者矣此諸侯之劍也王曰庶人之劍何如曰庶人之劍蓬頭突鬢垂冠曼胡之纓短後之衣瞋目而語難相擊於前上斬頸領下決肺肝此庶人之劍無異於鬬雞一旦命已絕矣無所用於國事今大王有天子之位而好庶人之劍臣竊為大王薄之王乃牽而上殿宰人上

食王三環之莊子曰大王安坐定氣劍事已畢奏矣于是文王不出宮三月劍士皆服斃其處也

列御寇篇宋人有曹商者為宋王使秦其往也得車數乘王說之益車百乘反於宋見莊子曰夫處窮閭阨巷困窘織屨槁項黃馘者商之所短也一悟萬乘之主而從車百乘者商之所長也莊子曰秦王有病召醫破癰潰痤者得車一乘舐痔者得車五乘所治愈下得車愈多子豈治其痔邪何車之多也子行矣　人有見宋王者錫車十乘以其十乘驕穉莊子莊子曰河上有家貧恃緯蕭而食者其子沒於淵得千金之珠其父謂子曰取石來鍛之夫千金之珠必在九重之淵而驪龍頷下子能得珠者必遭其睡也使驪龍而寤子尚奚微之有哉今宋國之深非直九重之淵也宋王之猛非直驪龍也子能得車者必遭其睡也使宋王而寤子為齏粉矣或聘於莊子莊子應其使曰子見夫犧牛乎衣以文繡食以芻菽及其牽而入於太廟雖欲為孤犢其可得乎莊子將死弟子欲厚葬之莊子曰吾以天地為棺槨日月為連璧星辰為珠璣萬物為齎送吾葬具豈不備耶何以加此弟子曰吾恐烏鳶之食夫子也莊子曰在上為烏鳶食在下為螻蟻食奪彼與此何其偏也以不平平其平也不平以不徵徵其徵也不徵明者唯為之使神者徵之夫明之不勝神也久矣而愚者恃其所

見入於人其功外也不亦悲乎

墨子

按神仙傳墨子者名翟宋人也仕宋爲大夫外治經典內修道術著書十篇號爲墨子世多學者與儒家分途務尙儉約頗毀孔子有公輸般者爲楚造雲梯之械以攻宋墨子聞之往詣楚脚壞裂裳裹足七日七夜到見公輸般而說之曰子爲雲梯以攻宋宋何罪之有餘於地而不足於民殺所不足而爭所有餘不可謂智宋無罪而攻之不可謂仁知而不爭不可謂忠爭而不得不可謂强公輸般曰吾不可以已言於王矣墨子見王曰於今有人捨其文軒鄰有一弊輿而欲竊之捨其錦繡鄰有短褐而欲竊之捨其粱肉鄰有糟糠而欲竊之此爲何若人也王曰若然者必有狂疾翟曰楚有雲夢之麋鹿江漢之魚龜爲天下富宋無雉兔鮒魚猶粱肉與糟糠也楚有杞梓豫章宋無數丈之木此猶錦繡之與短褐也臣聞大王更議攻宋有與此同王曰善哉然公輸般已爲雲梯謂必取宋於是見公輸般墨子解帶爲城以幞爲械公輸般乃設攻城之機九變而墨子九拒之公輸之攻城械盡而墨子之守有餘也公輸般曰吾知所以攻子矣吾不言墨子曰吾知子所以攻我我亦不言

王問其故墨子曰公輸之意不過殺臣謂宋莫能守耳然臣之弟子禽滑釐等三百人早已操臣守禦之器在宋城上而待楚寇矣雖殺臣不能絕也楚乃止不復攻宋墨子年八十有二乃嘆曰世事已可知榮位非常保將委流俗以從赤松子游耳乃入周狄山精思道法想像神仙於是數聞左右山間有誦書聲者墨子臥後又有人以衣來覆足墨子乃伺之忽見一人乃起問之曰君豈非山嶽之靈氣乎將度世之神僊乎願且少留誨以道要神人曰知子有志好道故來相候子欲何求墨子曰願得長生與天地相畢耳於是神人授以素書朱英丸方道靈教戒五行變化凡二十五篇告墨子曰子有仙骨又聰明得此便成不復須師墨子拜受合作遂得其驗乃撰集其要以為五行記乃得地仙隱居以避戰國至漢武帝時遣使者楊違束帛加璧以聘墨子墨子不出視其顏色常如五十許人周游五嶽不止一處

任光

按列仙傳任光上蔡人善餌丹賣於都里間積八十九年乃知是故時任光也稱說如故後數十年間頃後長老識之趙簡子聘與俱歸常在柏梯山上三世不知所在晉人常服其丹矣

燕昭王

按仙傳拾遺燕昭王者噲王之子也及卽位好神仙之道僊人甘需臣事之爲王述昆臺登眞之事去嗜欲撤聲色無思無爲可以致道王行之旣久谷將子乘虛而集告於王曰西王母將降觀爾之所修示爾以靈元之要後一年王母果至與王遊燧林之下說炎皇鑽火之術然綠桂膏以照夜忽有飛蛾銜火集王之宮得圓丘砞砂結而爲佩玉登握日之臺得神鳥所銜洞光之珠以消煩暑自是王母三降於燕宮而昭王徇於攻取不能遵甘需澄靜之旨王母亦不復至甘需曰王母所設之饌非人世所有玉酒金醴後期萬祀王旣嘗之自當得道矣但在虛凝純白保其遐齡耳甘需亦昇天而去三十三年王無疾而殂形骨柔輭香氣盈庭子惠王立矣

甘需

按保定府志燕昭王時有仙人甘需爲之臣王行其道數日有僊子來告曰西王母將降後一年王母果三至王徇於攻取不能遵澄靜之旨甘需遂去三十三年王無疾而殂形骨柔輭香氣盈庭

元天二女

按仙傳拾遺燕昭王即位二年廣延國來獻善舞者二人一名旋波一名提謨並玉質凝膚體輕氣馥綽約而窈窕絕古無倫或行無影跡或積年不饑昭王處以單綃華幄飲以瑞珰之膏飴以丹泉之粟王登崇霞臺乃召二人來側時香風欻起徘徊翔舞殆不自支王以纓縷拂之二人皆舞容妖冶靡麗於翔鸞而歌聲輕颺乃使女伶代唱其曲清響流韻雖飄梁動塵未足加焉其舞一名縈塵言其體輕與塵相亂次曰集羽言其婉轉若羽毛之從風也末曰旋懷言其肢體緬曼若入懷袖也乃設麟文之席散華蕪之香香出波弋國浸地則土石皆香著朽木腐草莫不蔚茂以熏枯骨則肌肉皆生以屑鋪地厚四五尺使二人舞其上彌日無跡體輕故也時有白鸞孤翔銜千莖穟穟於空中自生花實落地即生根葉一歲百穫一莖滿車故曰盈車嘉穟麟文者錯雜衆寶以為席也皆為雲霞麟鳳之狀昭王復以衣袖麾之舞者皆止昭王知為神異處於崇霞之臺設枕席以寢讌遣人以衛之王好神僊之術故元天之女託形作二人昭王之末莫知所在或遊於江漢或在伊洛之濱遍行天下乍近乍遠也

商丘開

按列子黃帝篇范氏有子曰子華善養私名舉國服之有寵於晉君不仕而居三卿之右目所偏視晉國爵之口所偏肥晉國黜之游其庭者侔於朝子華使其俠客以智鄙相攻彊弱相凌雖傷破於前不用介意終日夜以此為戲樂國殆成俗禾生子伯范氏之上客出行經坰外宿於田更商丘開之舍中夜禾生子伯二人相與言子華之名勢能使存者亡亡者存富者貧貧者富商丘開先窘於饑寒潛於牖北聽之因假糧荷畚之子華之門子華之門徒皆世族也縞衣乘軒緩步闊視顧見商丘開年老力弱面目黎黑衣冠不檢莫不眲之既而狎侮欺詒攩拯挨抌亡所不為商丘開常無慍容而諸客之技單憊於戲笑遂與商丘開俱乘高臺於衆中漫言曰有能自投下者賞百金衆皆競應商丘開以為信然遂先投下形若飛鳥揚於地肌骨無碼范氏之黨以為偶然未詎怪也因復指河曲之淫隈曰彼中有寶珠泳可得也商丘開復從而泳之既出果得珠焉衆昉同疑子華昉令豫肉食衣帛之次俄而范氏之藏大火子華曰若能入火取錦者從所得多少賞若商丘開往無難色入火往還埃不漫身不焦范氏之黨以為有道乃共謝之曰吾不知子之有道而誕子吾不知子之神人而辱子子其愚我也子其聾我也子其盲我也敢問其道商丘開曰吾亡道雖吾之心亦不知

所以雖然有一於此試與子言之曩子二客之宿吾舍也聞晉范氏之勢能使存者亡亡者存富者貧貧者富吾誠之無二心故不達而來及來以子華之言皆實也惟恐誠之不至行之不及不知形體之所措利害之所存也心一而物亾迕者如斯而已今昉知子華之誕我我內藏猜慮外矜觀聽追幸昔日之不焦溺也怛然內熱惕然震悸矣水火豈復可近哉自此之後范氏門徒路遇乞兒馬醫弗敢辱也必下車而揖之

酒客

按列仙傳酒客梁市上酒家人也作酒常美售日得萬錢有過而逐之主人酒常酢敗貧窮梁市中賈人多以女妻而迎之或去或來後百餘歲來為梁丞使民益種芋菜三年當大饑果如其言梁民不死後五年解印綬去莫知所終焉

卭疏

按列仙傳陸終氏中子卭疏者周封史也能行氣鍊形煮石髓而服之謂之石鐘乳至數百年往來入太室山中有臥石牀枕焉

涓子

按列仙傳涓子齊人好餌朮接食其精至三百年乃見於齊著天地人經四十八篇後釣於荷澤得鯉魚魚腹中有符隱於宕山能致風雨受伯陽九仙法淮南王安少得其文不能解其旨也其琴心三篇有條理焉

祝雞翁

按列仙傳祝雞翁洛人居尸鄉北山下養雞百餘年雞皆有名字千餘頭暮栖樹上晝放散之欲引呼名即種別而至賣雞及子得千餘萬輒置錢去之吳作養魚池後昇吳山白鶴孔雀數百常止其旁矣

桂父

按列仙傳桂父者象林人也時黑而時白時黃而時赤南海人見而尊事之常服桂及葵以龜腦和之千丸用十斤桂累世見之今荊州之南尙有桂丸焉　按水經注林邑城隍塹之外林棘荒蔓榛梗冥欝藤盤筀秀參錯際天其中香桂成林氣清烟澄桂父縣人也棲居此林服桂得道

瑕丘仲

按列仙傳瑕丘仲甯人也賣藥於甯百餘年人以爲壽而因地震舍壞仲及里中數十家屋臨水皆敗仲死民或取仲屍棄水中收其藥賣之仲披裘而從詣之取藥棄仲者懼叩頭求哀仲曰非恨汝使人知我耳吾去矣後爲夫餘胡王驛使復來至甯北方謂之謫仙人

平常生

按搜神記穀城鄉平常生不知何所人也數死而復生時人爲不然後大水出所害非一而平輒在缺門山上大呼言平常生在此云復雨水五日必止止則上山求祠之但見平衣杖革帶後數十年復爲華陰市門卒

元君　九元子　龔仲陽

按洞仙傳元君者合服九鼎神丹得道著經九卷　按洞仙傳九元子者鍊紫金合神丹登仙其經曰庚辛經　按洞仙傳龔仲陽者受嵩山少童步六紀之法

上黃先生　蒲先生

按洞仙傳上黃先生者脩步斗之道得隱形法　按洞仙傳蒲先生者常乘白鹿採芝草於嵩山

常生子　長存子

按洞仙傳常生子者常漱水成玉屑服之以昇天　按洞仙傳長存子者學道成爲元洲仙伯

杜宇　幼伯子

按續文獻通考杜宇古蜀主蜀嘗大水宇與居人避水於長平山後鼈靈開峽治水人得陸處宇禪位與之自居西山得道昇天一云化爲杜鵑　按續文獻通考幼伯子周蘇氏客冬常著單衣盛暑著襦袴形貌歲數老而更壯世世來誠祐蘇氏子孫得其福力

董雙成

按浙江通志周董雙成西王母之侍女世傳其故宅卽臨湖妙庭觀雙成煉丹宅中丹成得道自吹玉笙駕鶴昇僊邑人立橋望之因名望僊橋宋紹興初道士董行元掘土得銅牌有字云我有蟠桃樹千年一度生是誰來竊去須問董雙成

盧子綦　喬順

按彰德府志周處子棲隱居隆慮山中棲霞谷僊人巖後沖舉去　按彰德府志周喬順偕二子璋瑞師事處子棲於隆慮山後與其子白日飛舉

秦　茅濛

按洞仙傳茅濛字初成咸陽南關人也即東卿司命君盈之高祖也濛性慈憫好行陰德廉靜博學逆覩周室將衰不求進於諸侯常嘆人生若電流出處宜及其時於是師北郭鬼谷先生受長生之術神丹之方後入華山靜齋絕塵修道合藥乘龍駕雲白日昇天先是其邑歌謠曰神仙得者茅初成駕龍上昇入太清時下元洲戲赤城繼世而往在我盈帝若學之臘嘉平秦始皇聞之因改臘為嘉平

王次仲

按仙傳拾遺王次仲者古之神仙也當周末戰國之時合縱連衡之際居大夏小夏山以為世之篆文功多而用寡難以速就四海多事筆札所先乃變篆籀之體為隸書始皇既定天下以其功利於人徵之入秦不至復命使召之勅使者曰吾例平六合一統天下孰敢不賓者次仲一書生而逆天

子之命若不起當殺之持其首來以正風俗無肆其悍慢也詔使至山致命次仲化爲大鳥振翼而飛使者驚拜曰無以復命亦恐見殺惟神人憫之鳥徘徊空中故墮三翮使者得之以進始皇素好神仙之道聞其變化頗有悔恨今謂之落翮山在幽州界鄉里祠祀不絕　按述異錄大翮山小翮山在嬀州昔有王次仲年少入學而家遠常先到其師怪之謂其不歸使人候之又實歸在其家同學者常見仲捉一小木長三尺餘至則著屋間欲共取之輒尋不見

徐福

按太平廣記徐福字君房不知何許人也秦始皇時大宛中多枉死者橫道數有鳥銜草覆死人面皆登時活有司奏聞始皇始皇使使者齎此草以問北郭鬼谷先生云是東海中祖洲上不死之草生瓊田中一名養神芝其葉似菰生不叢一株可活千人始皇於是謂可索得因遣福及童男童女各三千人乘樓船入海尋祖洲不返後不知所之逮沈羲得道黃老遣福爲使者乘白虎車度世君司馬生乘青龍車侍郎薄延之乘白鹿車俱來迎羲而去由是後人知福得道矣又唐開元中有士人患半身枯黑御醫張尙容等不能知其人聚族言曰形體如是豈可久邪聞大海中有神仙正當

求仙方可愈此疾宗族留之不可因與侍者齎糧至登州大海側遇空舟乃齎所攜掛帆隨風可行十餘日近一孤島島上有數百人如朝謁狀須臾至岸岸側有婦人洗藥因問彼皆何者婦人指云中心牀坐鬚鬢白者徐君也又問徐君是誰婦人云君知秦始皇時徐福耶曰知之此則是也頃之衆各散去某遂登岸致謁具語始末求其醫理徐君曰汝之疾遇我卽生初以美飯哺之器物皆奇小某嫌其薄君云能盡此爲再飡也但恐不盡爾某連啖之如數甌物致飽而飲亦以一小器盛酒飲之致醉翌日以黑藥數丸令食食訖痢黑汁數升其疾乃愈某求住奉事徐君云爾有祿位未宜卽留當以東風相送無愁歸路遙也復與黃藥一袋云此藥善治一切病還遇疾者可以刀圭飲之某還數日至登州以藥奏聞時元宗令有疾者服之皆愈

西門君

按洞仙傳西門君者少好道明諸讖緯以開山圖授秦始皇而不能用

河上丈人

按史記樂毅傳贊太史公曰樂氏之族有樂臣公樂臣公學黃帝老子其本師號曰河上丈人不知

其所出河上丈人教安期生安期生教毛翕公毛翕公教樂瑕公樂瑕公教樂臣公樂臣公教蓋公
蓋公教於齊高密膠西爲曹相國師

安期生

按史記封禪書李少君言於上曰臣嘗游海上見安期生安期生食巨棗大如瓜安期生仙者通蓬萊中合則見人不合則隱於是天子始親祠竈遣方士入海求蓬萊安期生之屬而事化丹砂諸藥齊爲黃金矣居久之李少君病死天子以爲化去不死而使黃錘史寬舒受其方求蓬萊安期生莫能得而海上燕齊怪迂之方士多更來言神事矣　按香案牘安期生以醉墨灑石上皆成桃花

按山東通志秦安期生居瑯琊賣藥海島秦始皇求見與語三日而去後千歲居於蓬萊山下廣州有菖蒲澗是所餌也　按濟南府志安期生萊蕪人修煉於縣之南山因名仙人山有仙人堂今廢　按兗州府志安期生瑯琊人也受學河上丈人賣藥海邊老而不仕時人謂之千歲公秦始皇東遊請與語三日三夜賜金璧直數千萬出置阜鄉亭而去留赤玉舃一量爲報遺書於始皇曰後數十年求我於蓬萊山下及秦敗安期生與其友蒯通交往項羽欲封之卒不肯受

周正實

按零陵縣志周正實始皇時人遯居於零陵瀧山巖凡一切成敗未來之數皆能先知之始皇三召不起後尸解焉

華子期

按神仙傳華子期者淮南人也師甪里先生受仙隱靈寶方一曰伊洛飛龜秩二曰白禹正機三曰平衡按合服之返老還少日能行五百里能舉千斤一歲十易皮如蟬蛻後乃得仙去

盧侯二生

按寶慶府志盧侯二生不知何邑人秦始皇東遊請見安期生語三日夜安期生去書報曰後數年求我於蓬萊山因遣徐市盧生等數百人入海求之未至蓬萊遇風波而還盧生乃與侯生謀曰始皇爲人天性剛戾自用秦法不勝嚴酷方不驗輒死然候星氣者至三百人皆良士畏忌諱飾不敢端言其過天下之事無大小皆決於上上至以衡石量書日夜有程不中程不得休息貪於權勢至如此未可爲求仙藥於是乃亾去隱昭陵入都梁之雲山今山有盧生影侯生迹叅古路煉丹井飛

昇臺掃壇竹皆其遺蹟而邵隆回鄉望雲山別有盧生祠飛昇石以遥望侯生雲山故名

盧遨

按河南府志秦盧遨秦博士遊北海求仙至蒙谷上見一道士踞龜而食蛤曰夫子可與遨爲友矣道士嘆曰我方南遊乎罔峎之野北息乎沈默之鄉西窮冥冥之理東貫洪蒙之光吾與子汗漫遊於九垓之上乃舉臂聳身於雲中遨仰視曰吾比夫子若黃鵠與壤蟲也後遨亦登仙而去

若士

按淮南子盧遨遊北海至濛穀之上見若士焉方迎風而舞盧遨與之語若士曰吾與汗漫期於九垓之上不可以久駐乃舉臂而竦身遂入雲中　按神仙傳若士者古之仙人也莫知其姓名燕人盧遨者以秦時遊乎北海經乎太陰入乎元闕至於蒙穀之山而見若士焉其爲人也深目而元準鳶肩而修頸豐上而殺下欣欣然方迎風而儛顧見盧遨因遯逃乎碑下盧仍而視之方踡龜殼而食蟹蛤盧遨乃與之語曰唯以遨爲背羣離黨窮觀六合之外幼而好遊長而不渝周行四極唯此極之未窺今覩夫子於此殆可與遨爲友乎若士淡然而笑曰嘻子中州之民不宜遠而至此此

猶光乎日月而載乎列星比乎不名之地猶𥨊奧也昔我南游乎罔㫙之野北息乎沈默之鄉西窮窈冥之室東貫鴻洞之光其下無地其上無天視焉無見聽焉無聞其外有沃沃之汜其行一舉而千萬餘里吾猶未之能究也今子遊始至於此乃語窮觀豈不陋哉然子處矣吾與汗漫期於九垓之上不可以久駐乃舉臂竦身遂入雲中盧遨仰而視之不見乃止恍惚若有所喪也遨曰吾比夫子也猶黃鵠之與壤蟲也終日行不離咫尺而自以為遠不亦悲哉

郭四朝

按洞仙傳郭四朝者燕人也秦時得道來勾曲山南所住處作塘遏澗水令深甚墌垣牆今猶有可識處四朝乘小船遊戲其中每扣船而歌其一曰清池帶雲岫長林鬱青葱元鳥翔幽野悟言出從容鼓檝揚神波稽首乘晨風未獲解脫期逍遙丘林中其二曰浪神九垓外研道遂全眞戢此靈鳳羽藏我華龍鱗高舉方寸物萬吹皆垢塵顧哀朝生蟲孰盡汝車輪其三曰遊空落飛颷虛步無形方圓景煥明霞九鳳唱朝湯揮翮扇天津𦒉藹慶雲翔遂造太微戶挹此金梨漿逍遙元垓表不存亦不亡其四曰纔欻舞神霄披霞映九日高皇齊龍輪遂造九華室神虎洞瓊林香風合成一開闔

幽冥戶靈變元迹滅

毛女

按投轄錄李平仲云蔡元長自長安易鎭西川道華山嘗聞毛女之異思得一見向曉從者見嶽廟燒紙錢爐中有物甚異以呼元長亟往視之乃一婦人也遍身皆毛色如紺碧而髮若漆目光射人顧元長曰萬不爲有餘一不爲不足言訖而去其疾如飛既至成都命追寫其像以祀之元長親語先太師如此幷模其像見之云　按陝西通志毛女字玉姜在華陰山中獵師世世見之形體生毛自言始皇宮人秦亾入山食松葉遂不饑寒身輕如飛百七十餘年

梅姑

按太平府志秦梅姑丹陽湖人生有道術能行走水上其壻惡之殺而投之湖中時有方棺自上流來盛其屍而去後土人漁獵卽有風濤之患于水霧中見姑形焉巫曰姑惡殺不忍見漁獵也至今青山下有梅山梅塘梅姑廟今稱娘娘廟者是

劉瑤英

按江西通志劉瑤英秦末人隨父華避亂石城琉璃山因食異果遂絕粒容貌頓改獨棲縣西二十里山上跨一白鶴往來後竟仙去後人因名其山為仙姑嶺

孔丘明　何紫霄

按江西通志孔丘明秦時人與駱法通等十人避亂玉笥山中修煉歲久一日有素服老人持銅盂貯小魚十尾授之曰此魚宜善視遂於洞天後鑿池畜之後人呼為畜龍池九真得道九龍控馭上昇惟何紫霄漫游不與上帝命青衣童子齎紫衣玉冊召之紫霄受衣與冊隱居山洞為地仙何君洞由此名或曰紫霄姓鄧故黃山谷詩惟有鄧公留不去云

馬成子

按四川總志馬成子秦扶風人志欲修道去家訪師遇黃蓋童子授以胎元鍊氣之法乃入蜀之鶴鳴山石洞中遇異人授以神丹曰氣為內丹藥為外丹今授子此丹服之當列為高真成子遂白日昇天

丙穴道人

按陝西通內穴道人不知何許人其樓谷在箕山今存

卷終

神仙部列傳四

漢一　黃石公

按史記留侯世家留侯張良嘗閒從容步游下邳圯上有一老父衣褐至良所直墮其履圯下顧謂良曰孺子下取履良愕然欲毆之爲其老彊忍下取履父曰履我良業爲取履因長跪履之父以足受笑而去良殊大驚隨目之父去里所復還曰孺子可教矣後五日平明與我會此良因怪之跪曰諾五日平明良往父已先在怒曰與老人期後何也去曰後五日早會五日雞鳴良往父又先在復怒曰後何也去曰後五日復早來五日良夜未半往有頃父亦來喜曰當如是出一編書曰讀此則爲王者師矣後十年興十三年孺子見我濟北穀城山下黃石卽我矣遂去無他言不復見旦日視其書乃太公兵法也良因異之常習誦讀之後十三年從高帝過濟北果見穀城山下黃石取而葆祠之留侯死并葬黃石冢每上冢伏臘祠黃石　注　正義曰括地志云穀城山一名黃山在濟州東阿縣東濟州故濟北郡孔文祥云黃石公鬚眉皆白杖丹藜履赤舄　按續文獻通考黃石公下邳

人遭秦亂自避姓名人莫知者

張良

按漢書本傳良字子房其先韓人也大父開地相韓昭侯宣惠王襄哀王父平相釐王悼惠王悼惠王二十三年平卒卒二十歲秦滅韓良年少未宦事韓韓破良家僮三百人弟死不葬悉以家財求客刺秦王為韓報仇以五世相韓故良嘗學禮淮陽東見倉海君得力士為鐵椎重百二十斤秦皇帝東遊至博浪沙中良與客狙擊秦皇帝誤中副車秦皇帝大怒大索天下求賊急甚良乃更名姓亡匿下邳良嘗閒從容步游下邳圯上有一老父衣褐至良所直墮其履圯下顧謂良曰孺子下取履良愕然欲毆之為其老乃彊忍下取履因跪進父以足受之笑而去良殊大驚父去里所復還曰孺子可教矣後五日平明與我期此良因怪之跪曰諾五日平明良往父已先在怒曰與老人期後何也去後五日蚤會五日雞鳴往父又先在復怒曰後何也去後五日復蚤來五日良夜半往有頃父亦來喜曰當如是出一編書曰讀是則為王者師後十年興十三年孺子見我濟北穀城山下黃石即我已遂去不見旦日視其書迺太公兵法良因異之常習誦居下邳為任俠項伯嘗殺人從良

匿後十年陳涉等起良亦聚少年百餘人景駒自立爲楚假王在陳留良欲往從之行道遇沛公沛公將數千人略地下邳遂屬焉沛公拜良爲廄將良數以太公兵法說沛公沛公喜常用其策良爲他人言皆不省良曰沛公殆天授故遂從不去沛公之薛見項梁共立楚懷王良乃說項梁曰君已立楚後而韓諸公子橫陽君成賢可立爲王益樹黨項梁使良求韓成立爲韓王以良爲韓司徒與韓王將千餘人西略韓地得數城秦輒復取之往來爲游兵潁川沛公之從雒陽南出轘轅良引兵從沛公下韓十餘城擊楊熊軍沛公迺令韓王成留守陽翟與良俱南攻下宛西入武關沛公欲以二萬人擊秦嶢關下軍良曰秦兵尚彊未可輕臣聞其將屠者子賈豎易動以利願沛公且留壁使人先行爲五萬人具食益張旗幟諸山上爲疑兵令酈食其持重寶啗秦將秦將果欲連和俱西襲咸陽沛公欲聽之良曰此獨其將欲叛士卒恐不從不從必危不如因其解擊之沛公迺引兵擊秦軍大破之逐北至藍田再戰秦兵竟敗遂至咸陽秦王子嬰降沛公沛公入秦宮室帷帳狗馬重寶婦女以千數意欲留居之樊噲諫沛公不聽良曰夫秦爲無道故沛公得至此爲天下除殘去賊宜縞素爲資今始入秦卽安其樂此所謂助桀爲虐且忠言逆耳利於行毒藥苦口利於病願沛公聽

樊噲言沛公乃還軍霸上項羽至鴻門欲擊沛公項伯夜馳至沛公軍私見良欲與俱去良曰臣爲韓王送沛公今事有急亡去不義迺具語沛公沛公大驚曰爲之奈何良曰沛公誠欲背項王耶沛公曰鯫生說我距關毋內諸侯秦地可王也故聽之良曰沛公自度能卻項王乎沛公默然曰今爲奈何良因要項伯見沛公沛公與伯飲爲壽結婚令伯具言沛公不敢背項王所以距關者備他盜也項羽後解語在羽傳漢元年沛公爲漢王王巴蜀賜良金百鎰珠二斗良具以獻項伯漢王亦因令良厚遺項伯使請漢中地項王許之漢王之國良送至褒中遣良歸韓良因說漢王燒絕棧道示天下無還心以固項王意迺使良還行燒絕棧道良歸至韓聞項羽以良從漢王故不遣韓王成之國與俱東至彭城殺之時漢王還定三秦良乃遺項王書曰漢王失職欲得關中如約卽止不敢復東又以齊反書遺羽曰齊與趙欲并滅楚項羽以故北擊齊良迺閒行歸漢漢王以良爲成信侯從東擊楚至彭城漢王兵敗而還至下邑漢王下馬踞鞍而問曰吾欲捐關已東等棄之誰可與共功者良曰九江王布楚梟將與項王有隙彭越與齊王田榮反梁地此兩人可急使而漢王之將獨韓信可屬大事當一面卽欲捐之捐之此三人楚可破也漢王乃遣隨何說九江王布而使人連彭越

及魏王豹反使韓信特將北擊之因舉燕代齊趙然卒破楚者此三人力也良多病未嘗特將兵常爲畫策臣時時從漢三年項羽急圍漢王於滎陽漢王憂恐與酈食其謀撓楚權酈生曰昔湯伐桀封其後杞武王誅紂封其後宋今秦無道伐滅六國無立錐之地陛下誠復立六國後此皆爭戴陛下德義願爲臣妾德義已行南面稱伯楚必斂衽而朝漢王曰善趣刻印先生因行佩之酈生未行良從外來謁漢王漢王方食曰客有爲我計撓楚權者具以酈生計告良曰於子房何如良曰誰爲陛下畫此計者陛下事去矣漢王曰何哉良曰臣請借前箸以籌之昔湯武伐桀紂封其後者度能制其死命今也陛下能制項籍死命乎其不可一矣武王入殷表商容閭式箕子門封比干墓今陛下能乎其不可二矣發鉅橋之粟散鹿臺之財以賜貧窮今陛下能乎其不可三矣殷事以畢偃革爲軒倒載干戈示不復用今陛下能乎其不可四矣休馬華山之陽示無所爲今陛下能乎其不可五矣息牛桃林之野示天下不復輸積今陛下能乎其不可六矣且夫天下游士左親戚棄墳墓去故舊從陛下者但日夜望咫尺之地今乃立六國後唯無復立者游士各歸事其主從親戚反故舊陛下誰與取天下乎其不可七矣且楚唯毋彊六國復撓而從之陛下焉得而臣之其不可八矣誠

用此謀陛下事去矣漢王輟食吐哺罵曰豎儒幾敗迺公事令輒銷印後韓信破齊欲自立為假齊王漢王怒良說漢王漢王使良授齊王信印語在信傳五年冬漢王追楚至陽夏南戰不利壁固陵諸侯期不至良說漢王漢王用其計諸侯皆至語在高紀漢六年封功臣良未嘗有戰鬭功高帝曰運籌策帷幄中決勝千里外子房功也自擇齊三萬戶良曰始臣起下邳與上會留此天以臣授陛下陛下用臣計幸而時中臣願封留足矣不敢當三萬戶迺封良為留侯與蕭何等俱封上已封大功臣二十餘人其餘日夜爭功不決未得行封上居雒陽南宮從復道望見諸將往往數人偶語上曰此何語良曰陛下不知乎此謀反耳上曰天下屬安定何故而反良曰陛下起布衣與此屬取天下今陛下已為天子而所封皆蕭曹故人所親愛而所誅者皆平生仇怨今軍吏計功天下不足以徧封此屬畏陛下不能盡封又恐見疑過失及誅故相聚而謀反耳上迺憂曰為將奈何良曰上平生所憎羣臣所共知誰最甚者上曰雍齒與我有故怨數窘辱我我欲殺之為功多不忍良曰今急先封雍齒以示羣臣羣臣見雍齒先封則人人自堅矣於是上置酒封雍齒為什方侯而急趣丞相御史定功行封羣臣罷酒皆喜曰雍齒且侯我屬無患矣劉敬說上都關中上疑之左右大臣皆山

東人多勸上都雒陽雒陽東有成臯西有殽黽背河鄉雒其固亦足恃良曰雒陽雖有此固其中小不過數百里田地薄四面受敵此非用武之國夫關中左殽函右隴蜀沃野千里南有巴蜀之饒北有胡苑之利阻三面而固守獨以一面東制諸侯諸侯安定河渭漕輓天下西給京師諸侯有變順流而下足以委輸此所謂金城千里天府之國劉敬說是也於是上即日駕西都關中良從入關性多疾即道引不食穀閉門不出歲餘上欲廢太子立戚夫人子趙王如意大臣多爭未能得堅決也呂后恐不知所爲或謂呂后曰留侯善畫計上信用之呂后乃使建成侯呂澤劫良曰君常爲上謀臣今上日欲易太子君安得高枕而臥良曰始上數在急困之中幸用臣策今天下安定以愛欲易太子骨肉之間雖臣等百人何益呂澤彊要曰爲我畫計良曰此難以口舌爭也顧上有所不能致者四人四人年老矣皆以上嫚侮士故逃匿山中義不爲漢臣然上高此四人今公誠能毋愛金玉璧帛令太子爲書卑辭安車因使辨士固請宜來來以爲客時從入朝令上見之則一助也於是呂后令呂澤使人奉太子書卑辭厚禮迎此四人四人至客建成侯所漢十一年黥布反上疾欲使太子往擊之四人相謂曰凡來者將以存太子太子將兵事危矣迺說建成侯曰太子將兵有功即位

不益無功則從此受禍且太子所與俱諸將皆與上定天下梟將也今迺使太子將之此無異使羊將狼皆不肯爲用其無功必矣臣聞母愛者子抱今戚夫人日夜侍御趙王常居前上終不使不肖子居愛子上明其代太子位必矣君何不急請呂后承間爲上泣言黥布天下猛將善用兵今諸將皆陛下故等夷迺令太子將此屬莫肯爲用且布聞之鼓行而西耳上雖疾彊載輜車臥而護之諸將不敢不盡力上雖苦彊爲妻子計於是呂澤夜見呂后呂后承間爲上泣而言如四人意上曰吾惟之豎子固不足遣迺公自行耳於是上自將而東羣臣居守皆送至霸上良疾彊起至曲郵見上曰臣宜從疾甚楚人剽疾願上慎毋與楚爭鋒因說上令太子爲將軍監關中兵上謂子房雖疾彊臥傅太子是時叔孫通已爲太傅良行少傅事漢十二年上從破布歸疾益甚愈欲易太子良諫不聽因疾不視事叔孫太傅稱說引古以死爭太子上陽許之猶欲易之乃宴置酒太子侍四人者從太子年皆八十有餘須眉皓白衣冠甚偉上怪問曰何爲者四人前對各言其姓名上迺驚曰吾求公避逃我今公何自從吾兒游乎四人曰陛下輕士善罵臣等義不辱故恐而亡匿今聞太子仁孝恭敬愛士天下莫不延頸願爲太子死者故臣等來上曰煩公幸卒調護太子四人爲壽已畢趨去

上自送之召戚夫人指示曰我欲易之彼四人爲之輔羽翼已成難動矣呂氏眞迺主矣戚夫人泣涕上曰爲我楚舞吾爲若楚歌歌曰鴻鵠高飛一舉千里羽翼已就橫絕四海橫絕四海又可奈何雖有矰繳尙安所施歌數闋戚夫人歔欷流涕上起去罷酒竟不易太子者良本招此四人之力也良從上擊代出奇計下馬邑及立蕭相國所與上從容言天下事甚衆非天下所以存亡故不著良乃稱曰家世相韓及韓滅不愛萬金之資爲韓報仇彊秦天下震動今以三寸舌爲帝者師封萬戶位列侯此布衣之極於良足矣願棄人閒事欲從赤松子游耳迺學道欲輕舉高帝崩呂后德良乃彊食之曰人生一世閒如白駒之過隙何自苦如此良不得已彊聽食後六歲薨謚曰文成侯良始所見下邳圯上老父與書者後十三歲從高帝過濟北果得穀城山下黃石取而寶祠之及良死并葬黃石每上冢伏臘祠黃石子不疑嗣侯孝文三年坐不敬國除

按仙傳拾遺張子房名良韓國人也避地於南陽徙居於沛後爲沛國人焉童幼時遇黃石公讀其書能應機權變佐漢祖定天下後人謂其書爲黃石公書修之於身能煉氣絕粒輕身羽化與綺里季東園公甪里先生夏黃公爲雲霞之交漢初遇四五小兒路上羣戲一兒曰著青裙入天門揖金母拜木公時人莫知之子房

知之往拜之曰此東王公之玉童也所謂金母者西王母也木公者東王公也此二元尊乃陰陽之父母天地之本原化生萬靈育養群品木公爲男僊之主金母爲女僊之宗長生飛化之士昇天之初先覲金母後謁木公然後昇三清朝太上矣此歌乃玉童教世人拜王公而揖王母也子房佐漢封留侯爲大司徒解形於世葬於龍首原赤眉之亂人發其墓但見黃石枕化而飛去若流星焉不見其尸形衣冠得素書一篇及兵略數章子房登僊位爲太元童子常從老君於太清之中其孫道陵得道朝崑崙之夕子房在焉　按巢縣志去縣治三十里湖南山中有山端巖聳秀西望巢湖烟波萬頃層巒複巘高嶺重阻特藏異境者白雲山也山上有子房祠相傳以爲子房辟穀來隱於此史稱子房從漢高定天下安太子後從上擊馬邑歸卽願棄人間事從赤松子遊乃學辟穀導引輕身會高帝崩呂后強食之留侯不得已強聽而食後八年卒而巢乃有子房辟穀處何也蓋孝惠七年崩呂后稱制將王諸呂故先幾稱卒其實則遠引而去留侯未死也於此隱焉久乃仙去有漢人碑記存舊志謂楚失陰陵非此處旣考據失實而橫斷祠爲道流所構舛謬甚矣萬曆末年樵者於祠旁見一小孔掘之中空入其中則石洞也深廣可居核桃殼極多取之不盡因名核桃洞意必

子房辟穀處祠乃後人所置耳夫既建格天之業而志在赤松之遊白雲之山卽姑射之山矣今祠前建白雲菴地藏殿遠方朝山者衆而仙迹卒不可泯

周棲野

按嵩高志周棲野中嶽人著故破衣隱姓名如風如狂常往來於九衢狂歌曰巾金巾入天門呼長精吸元泉鳴天鼓養泥丸漢之卿相聞其歌頌皆異之相與開釋莫能喻者惟留侯微服往謁延入密室潛有所授約會於嵩山小有洞天後留侯佐漢成功竟從之

清平吉

按神仙傳清平吉沛國人漢高皇帝時衛卒也至光武時容色不老後尸解去百餘年復還鄉里數日間又尸解而去

朱仲

按列仙傳朱仲會稽人常於市上販珠高后時下書募三寸珠仲讀書笑曰直值汝矣賫三寸珠詣闕上書珠好過度卽賜五百金魯元公主復私以七百金從仲求珠仲獻四寸珠送至闕卽去下書

會稽徵聘不知所在靈帝時復來獻三寸珠數十枚輒去不知所之云

匡俗

按洞仙傳匡俗字子希少以孝悌著稱召聘不起至心學道遊諸名山至霍符山見山上有湖周迴數里多生靈草異物不可識其旁有石井泉通湖中又有石鴈至春秋時皆能羣飛後有小石簡中有玉牒多記名山福地及得道人姓名後復服食得道　按九江府志漢匡俗字君孝本姓匡父平野王共鄱陽令吳芮佐漢定天下而亡漢封俗於鄡陽曰越廬君俗兄弟七人皆好道術精寓於洞庭之山故世謂之廬山謝顥廣福觀碑周威烈王以安車迎匡續續仙去惟廬存因名其山爲靖廬山邦人以先生姓呼匡山又曰匡阜

韓稚

按拾遺記孝惠帝二年四方咸稱車書同文軌天下太平干戈偃息遠國殊鄉重譯來貢時有道士姓韓名稚則韓終之裔也越海而來云是東海神君之使聞聖德洽乎區宇故悅服而來庭時有東極出扶桑之外有泥離之國亦來朝其人長四尺兩角如繭牙出於脣自乳已下有垂毛自蔽居於

深穴其壽不可測也帝云方士韓稚解絕國人言命問人壽幾何經見幾代之事答曰五運相承迭生迭死如飛塵細雨存歿不可論算問女媧以前可聞乎對曰蛇身已上八風均四時序不以威悅攬乎精運又問燧人以前答曰自鑽火變腥以來父老而慈子壽而孝羲軒以往屑屑焉以相誅滅浮靡囂薄淫於禮亂於樂世德澆訛淳風墜矣稚具以聞帝曰悠哉杳昧非通神達理者難可語乎斯道矣稚於斯而退莫知其所之帝使諸方士立仙壇於長安城北名曰祠韓館俗云司寒之神祀於城陰按春秋傳曰以享司寒其音相亂也定是祠韓館至二年詔宮女百人文錦萬疋樓船十艘以送泥離之使大赦天下

裴元仁

按鄧雲子清靈眞人裴君傳清靈眞人裴君字元仁右扶風夏陽人也以漢孝文帝二年君始生爲爲人清明顏儀整素寡於言笑目有精光垂臂下膝聲氣高徹呼如鐘鳴家奉佛道年十餘歲晝夜不寐精思讀經嘗於四月八日與馮翊趙康子上黨皓季成共載詣佛圖時大陰雨忽有賤人著故布單衣巾黃巾詣君車後索載君禮而問之不答君下車以載之康子季成並大怒呵問何等人而

上吾車乎君乃陳謝遂聽俱載君自徒行在後顏無變色寄載人自若亦不以為慙也將至佛圖乃曰吾家近在此乃下車奄然失之佛圖中道人支子元者亦頗知道術舊人傳之云已年一百七十歲見君而歎曰吾從少至老見人多矣而未嘗見如子者乃延君入幽室之中幽靜之房大設豐饌飲食既畢將君更移隱處呼之共坐乃謂曰吾善相人莫如爾者子目中瞳子正似北斗璇光星自背已下象如河魁既有貴爵又當神仙天下志願子寶之爲然津液未啟七氣未淳不見妙事亦無緣而成也因以所修祕術密以告君道人曰此長生內術世莫能知吾昔遊焦山及鑑祖之阿遇仙人蔣先生者乃赤將子輿也以神訣五首授吾奉而行之於今一百七年矣氣力輕壯不覺衰老但行之不勤多失真意不能去世故雖延年不得神仙也猶是行之多違精思不至之罪也今以教子子祕而慎傳之第一思存五星以體象五靈存之法常於密室以夜半後生氣之時服挹五方之氣於寢牀上平坐向月建所在先叩齒九過咽液三十過畢存想五星使北方辰星在頭上東方歲星在左西方太白星在右南方熒惑星在膝中間中央鎮星在心中久久行之出入遠行常思不忘無所不卻萬禍所不能干也後當奄見五老人則是五星精神也若見者當問以飛仙之道五神共扶

人身形白日昇天第二初以甲子上旬直開除之日爲始以生氣之時夜半之後勿以大醉大飽身體不精皆生疾病也當精思遠念於是男女可行長生之道其法要祕非賢勿傳使男女並取生氣含養精血此非外法專採陰益陽也若行之如法則氣液雲行精醴凝和不期老少之皆返童矣凡入靜先須忘形忘物然後叩齒七通而咒曰白元金精五華敗生中央黃老君和魂攝精皇上太精凝液骨靈無上太眞六氣內纏上精元老還神補腦使我合會鍊胎守寶祝畢男子守腎固精煉氣從夾脊泝上泥丸號曰還元女子守心養神煉火不動以兩乳氣下腎夾脊上行亦到泥丸號曰化眞養之丹扃百日通靈若久久行之自然成眞長生住世不死之道也第三用五行紫文以除三尸常用朔望之日日中時臨目南向臨目者當閉而不閉也心存兩目中出青氣心中出赤氣脾中出黃氣於是三氣相繞合爲一氣以貫一身須臾內外洞徹如火光之狀良久乃叩齒十四通咽液十四過畢此煉形之道除尸蟲之法也久而行之體有五香之氣目明耳聰長生不死第四名曰陰德致神仙之道其文曰常以甲子日沐浴竟甲子上旬日當燒香於所止牀之左右久久行之天仙玉女下降也又一法當養白犬白鷄犬名曰白靈鷄名曰白精諸八節日及行入五嶽乃登名山諸有

神仙之所在處密放雞犬於其間去勿迴顧天眞仙官當與子芝英靈草矣又一法作素奏使長一尺二寸丹書其文曰某郡縣鄉里某欲得長生登仙度世飛行上淸眞人至神五嶽羣靈三官九府乞除罪名書奏畢以靑絲係金鐶一雙合以纏奏再拜北向淵奏石上因以火燒成灰乃藏鐶於密室閒而去勿反顧無鐶可用條脫一雙以代鐶古人名爲縱容璩子也愼與多口嫉妬之人道之非但無益乃更致禍如此十過天上五帝三官九府更相廚救除人罪過著名生錄刊定仙籍入山求芝艸靈藥所欲皆得山神玉女自來營衛狼虎百害不敢犯近神靈祐助常欲使人得道開人心意惡鬼老魅不敢試人行此道易成而無患若道士不知此術入山必多不利數爲鬼物所試在人間則多轗軻疾病財物不昌所願不從若能行此道長生神仙第五太極眞人常以立春之日日中時會諸仙人於太極宮刻玉劄記仙名常以其夕夜半時正北向仰視北極再拜頓首陳乞己罪多少之數求解釋之意畢復再拜乃止至春分之日日中時崑崙瑤臺太素眞人會諸仙官校定眞經至立夏之日日中時上淸五帝會諸仙人於紫微宮見四眞人論求道者之功過至夏至之日日中時天上三官會於司命河侯校定萬民罪福增年減算至立秋之日日中時五嶽諸眞人詣中央黃老

君於黃房雲庭山會仙官於日中定天下神圖靈藥至秋分之日日中時上皇大帝乃登玉清靈闕太微之觀會太上三老君北極諸眞公八海大神五嶽尊靈仙官萬萬共集議定天下萬兆之罪福學道之勤懈一一條列副之司命至立冬之日日中時陽臺眞人會諸仙官玉女定新得道始入仙錄之人至冬至之日日中時大眞衆仙諸方諸東華大宮見東海青童君刻定衆仙籍金書內字常以八節日夜半日中謝七世祖父母及身中罪過罪過自除也久行之神仙不死夫秋分日者太上神眞觀試萬仙自非眞正者不可輕用其日謝罪也眞人仙官以八節日日中時共會集三日乃解欲修道者當先齋戒勿失之也又一法每至八節日常當行入五嶽若神仙眞人所棲名山之處也每於深僻隱巖之中密燒香乞願祝曰元上九靈太眞高神使某長生所欲從心百福如願壽如靈山謹以節日登巖請生畢因散香於左右勿顧而返常能行此必長生神仙所欲如心玉女詣房衆靈衛身也若或有棲道冥契而不獲登山者當心啟願精意向眞亦與身詣名山者無異每事決在心誠密暢求眞堅正乃獲之也此赤將子輿五百隱訣內道要事畢矣君乃再拜而奉要言還歸精思行之常處隱密不棣名好乃服食茯苓餌丹體華脥積十一年夜視有光常能不息從旦至中年

二十三本郡所命爲功曹君不應命尋又州辟主簿轉別駕舉秀才詣長安拜博士高第轉尚書選曹郎御史中丞散騎常侍侍中出爲北軍中候以伐匈奴有功封濉陽侯後遷冀州刺史別駕劉安之時年四十五初迎君爲主簿後轉別駕亦知仙道飲食黃精積二十餘年身輕面有華光數與君俱齋靜室中以正月上旬君沐浴齋於靜室至三月奄有仙人乘白鹿從玉童玉女各七人從天中來下在庭中仙人莫之見君拜頓首乞請一言仙人曰我南嶽眞人赤松子也聞子好道故來相過君何所修行乎君長跪自陳所奉行凡百二十事松子曰勤存五靈別當授子眞道奄然而去君於是乃求解去官自稱篤疾欲詣太上請命遂棄官委家逃遊名山尋此微妙別駕劉安之從焉君時年四十五帝累徵召一不應命逼之不已君乃北遊到陽浴山以避人間之網羅也遂入石室北洞中學道精思無所不至安之不能久處山中時復出於人間君於後將雲子去乃登太華山入西洞元石室裏積二十二年奄見五老人皆巾來詣君再拜頓首乞請神訣乃出神芝見賜一老人巾青巾著青衣拄青杖帶通光陽霞之符乃東方歲星之大神也以青華之芝見賜出青書一卷是紫微始青道經也又一老人巾蒼巾著蒼衣拄蒼杖帶鬱眞簫鳳之符乃北方辰星之大神也以蒼華之

芝見賜出蒼元上籙北斗眞經中命四旋經四卷見授又一老人巾白巾著白衣拄白杖帶皓靈扶希之符乃西方太白星之大神也以白華之芝見賜出太素玉籙寶元眞經三卷見授又一老人巾赤巾著赤衣拄赤杖帶四明朱碧之符乃南方熒惑星之大神也以丹華之芝見賜出龍胎太和丹經二卷見授又一老人巾黃巾著黃衣拄黃杖帶中元八維玉門之符乃中央鎭星之大神也以黃華之芝見賜出四氣上樞太元黃書八卷見授乃五星之精天之大神也君再拜服此神芝讀神經十旬之間視見萬里之外能日步千里能隱能彰役使鬼神乃遊行天下東到青丘遇谷希子青帝君授以青精日水飲食青芝還到太山遇司命君授以上皇金籙乃西到流沙濱白水岸遇太素眞人乘龍雲輧建紫晨巾以紫羽爲蓋仗七色之節侍從神童玉女各二百許人在白水沙洲空山之上方遊觀金城鳴玉鐘舞華幰望在空山之上往而不至君乃身投長淵浮白水冒洪波越沙岸巇巇沈溺遂登空山見而拜焉頓頭稽顙乞請眞訣太素眞人笑曰危乎濟哉子今日始當得之矣因口教服二景飛華上奔日月之法又授太上隱書告君曰此足以爲眞矣遂留空山上修二景引日法誦隱書積十一年太素眞人曰子道已成矣因以景雲龍輿見載羽蓋華寶之儀詣太素宮見上

清三元君君當爾之時亦不知在何處也三元君治太素宮諸仙童玉女侍者有千餘人以黃金爲屋青玉爲牀君既詣金闕再拜稽首三元君以玉璽金眞見賜玉女二十四人玉童三十二人見侍乃乘飛雲中輦復北遊詣太極宮見太極四眞人四眞人見授神虎符流金火鈴乃詣太微宮受書爲青靈眞人治青靈宮佩三華寶衣乘飛龍景輿仗青旗玉鉞七色之節遊行上清九宮

李意期

按神仙傳李意期者本蜀人傳世見之漢文帝時人也無妻息人欲遠行速至者意期以符與之并丹書兩腋下則千里皆不盡日而還或說四方國土宮觀市鄽人未曾見聞說者意不解意期則爲撮土作之但盈寸其中物皆是須臾消滅或行不知所之一年許復還於是乞食得物即度與貧人於成都角中作土窟居之冬夏單衣飲少酒食脯及棗栗劉元德欲伐吳報關羽之死使迎意期意期到甚敬之問其伐吳吉凶意期不答而求紙畫作兵馬器仗十數萬乃一一裂壞之曰咄又畫作一大人掘地埋之乃徑還去備不說果爲吳軍所敗十餘萬衆纔數百人得還甲器軍資略盡元德忿怒遂卒於永安宮意期少言人有所問略不對答蜀人有憂患往問之凶吉自有常候但占其顏

色若懽悅則善慘慼則惡後入瑯邪山中不復見出也

河上公

按神仙傳河上公者莫知其姓字漢文帝時公結草爲菴於河之濱帝讀老子經頗好之敕諸王及大臣皆誦之有所不解數事時人莫能道之聞時皆稱河上公解老子經義旨乃使齎所不決之事以問公曰道尊德貴非可遙問也帝卽幸其菴躬問之帝曰普天之下莫非王土率土之濱莫非王臣域中四大王居其一子雖有道猶朕民也不能自屈何乃高乎公卽撫掌坐躍冉冉在虛空中去地數丈俛仰而答曰余上不至天中不累人下不居地何民臣之有帝乃下車稽首曰朕以不德忝統先業才小任大憂於不堪雖治世事而心敬道直以暗昧多所不了惟願道君有以教之公乃授素書二卷與帝曰熟研之此經所疑皆了不事多言也余注此經以來一千七百餘年凡傳三人連子四矣勿以示非其人言畢失其所在須臾雲霧晦冥天地泯合帝甚貴之論者以爲文帝好老子之言世不能盡通故神人持下教之而恐漢文心未至信故示神變所謂聖人無常心以百姓心爲心耶

按神仙感遇傳文廣通者辰溪縣滕村人也縣屬辰州沂州一百里北岸次有滕村廣通

居焉宋漢辰陵縣武陵記云廣通以宋元嘉二十六見有野猪食其稼因舉弩射中之流血而走尋血蹤越十餘里入一穴中行三百許步豁然明曉忽見數百家居止莫測其由來視所射猪已歸村人圈中俄有一叟出門云汝非射吾猪者乎文曰猪來犯僕非僕犯猪翁曰牽牛蹊人之田信有罪矣而奪之牛者罪又重矣文因稽首謝過翁云過而知改是無過矣此猪前緣應有其報君無謝焉翁呼廣通至廳上見十數書生皆冠章甫之冠服縫掖之衣有博士獨一榻面南談老子又見西齋有十人相對彈一絃琴而五聲自韻有童子酌酒呼令設座文飲半酣四體怡然因爾辭退觀其墟陌人事不異外間覺其清虛獨遠自是勝地徘徊欲往翁乃遣小兒送之令堅關門勿復令外人來也文與小兒行問其始末答曰彼諸賢避夏桀難來此因學道得仙獨榻坐談老子者昔河上公也僕漢時山陽王輔嗣至此請問老子滯義僕自掃門以來於茲十紀始蒙召進得預門人猶未深受要訣只令守門至洞口分別慇懃自言相見未期廣通自所入處見所用弩皆已朽斷初謂少頃已十二年矣廣通家已成喪訖聞其歸乃舉村驚疑明日與村人尋其穴口唯見巨石塞之燒鑿不可爲攻焉

蘇僊公

按神仙傳蘇僊公者桂陽人也漢文帝時得道先生早喪所怙鄉中以仁孝聞宅在郡城東北出入往來不避燥濕至於食物不憚精粗先生家貧常自牧牛與里中小兒更日爲牛郎先生牧之牛則徘徊側近不驅自歸餘小兒牧牛牛則四散跨岡越嶮諸兒問曰爾何術也先生曰非汝輩所知常乘一鹿先生常與母共食母曰食無鮓他日可往市買也先生於是以筯插飯中攜錢而去斯須即以鮓至母食未畢母曰何處買來對曰便縣市也母曰便縣去此百二十里道途徑嶮往來遽至汝欺我也欲杖之先生跪曰買鮓之時見舅在市與我語云明日來此請待舅至以驗虛實母遂寬之明曉舅果到云昨見先生便縣市買鮓母即驚駭方知其神異先生曾持一竹杖時人謂曰蘇生竹杖固是龍也數歲之後先生灑掃門庭修飾牆宇友人曰有何邀迎答曰僊侶當降俄頃之間乃見天西北隅紫雲氤氳有數十白鶴飛翔其中翩翩然降於蘇氏之門皆化爲少年儀形端美如十八九歲人怡然輕舉先生斂容逢迎乃跪白母曰某受命當僊被召有期儀衛已至當違色養即便拜辭母子歔欷母曰汝去之後使我如何存活先生曰明年天下疾疫庭中井水簷邊橘樹可以代養

井水一升橘葉一枚可療一人兼封一櫃留之有所闕乏可以扣櫃言之所須當至愼勿開也言畢卽出門躑躅顧望聳身入雲紫雲捧足翠鶴翺翔遂昇雲漢而去來年果有疾疫遠近悉求母療之皆以水及橘葉無不愈者有所缺乏卽扣櫃所須卽去三年之後母心疑因卽開之見雙白鶴飛去自後扣之無復有應母年百餘歲一旦無疾而終鄉人共葬之如世人之禮葬後忽見州東北牛脾山紫雲蓋上有號哭之聲咸知蘇君之神也郡守鄉人皆就山弔慰但聞哭聲不見其形郡守鄉人苦請相見空中答曰出俗日久形貌殊凡若當露見誠恐驚怪固請不已卽出半面示一手皆有細毛異常人也因謂郡守鄉人曰遠勞見慰途從險阻可從直路而還不須迴顧言畢卽見橋亙嶺傍直至郡城行次有一官吏輙迴顧遂失橋所墮落江濱乃見一赤龍於腳下宛轉而去先生哭處有桂竹兩枝無風自掃其地恆淨三年之後無復哭聲因見白馬常在嶺上遂改牛脾山爲白馬嶺自後有白鶴來止郡城東北樓上人或挾彈彈之鶴以爪攫樓板似漆書云城郭是人民非三百甲子一來歸吾是蘇君彈何爲至今修道之人每至甲子日焚香禮於僊公之故第也

劉京

按神仙傳劉京者本漢文帝時侍郎也從邯鄲張君學道受餌雲母朱英方服之百三十餘歲視之如三十許人能知吉凶之期又能爲人祭天益命或延得十年五年至魏武帝時京遊諸弟子家皇甫隆聞而隨事之以雲母丸子方教隆隆合服之得三百歲不能盡其道法故不得度世又有王公於京處得九子丸時王公已七十歲服之御八十妾生二十兒騎馬獵行日二百里飲酒一斛不醉得壽二百歲

魯少千

按搜神記魯少千者山陽人也漢文帝嘗微服懷金過之欲問其道少千拄金杖執象牙扇出應門

司馬季主

按史記本傳司馬季主者楚人也卜於長安東市宋忠爲中大夫賈誼爲博士同日俱出洗沐相從論議誦易先王聖人之道術究徧人情相視而歎賈誼曰吾聞古之聖人不居朝廷必在卜醫之中今吾已見三公九卿朝士大夫皆可知矣試之卜數中以觀采二人卽同輿而之市游於卜肆中天紛雨道少人司馬季主閒坐弟子三四人侍方辯天地之道日月之運陰陽吉凶之本二大夫再拜

謁司馬季主視其狀貌如類有知者卽禮之使弟子延之坐坐定司馬季主復理前語分別天地之終始日月星辰之紀差次仁義之際列吉凶之符語數千言莫不順理宋忠賈誼瞿然而悟獵纓正襟危坐曰吾望先生之狀聽先生之辭小子竊觀於世未嘗見也今何居之卑何行之汙司馬季主捧腹大笑曰觀大夫類有道術者今何言之陋也何辭之野也今夫子所賢者何也所高者誰也今何以卑汙長者二君曰尊官厚祿世之所高也賢才處之今所處非其地故謂之卑言不信行不驗取不當故謂之汙夫卜筮者世俗之所賤簡也世皆言曰夫卜者多言誇嚴以得人情虛高人祿命以說人志擅言禍災以傷人心矯言鬼神以盡人財厚求拜謝以私於己此吾之所恥故謂之卑汙也司馬季主曰公且安坐公見夫被髮童子乎日月照之則行不照則止問之日月疵瑕吉凶則不能理由是觀之能知別賢與不肖者寡矣賢之行也直道以正諫三諫不聽則退其譽人也不望其報惡人也不顧其怨以便國家利衆爲務故官非其任不處也祿非其功不受也見人不正雖貴不敬也見人有汙雖尊不下也得不爲喜去不爲恨非其罪也雖累辱而不愧也今公所謂賢者皆可爲羞矣卑疵而前孅趨而言相引以勢相導以利比周賓正以求尊譽以受公奉事私利枉主法獵

農民以官爲威以法爲機求利逆暴讐無異於操白刃劫人者也初試官時倍力爲巧詐飾虛功執
空文以罔主上用居上爲右試官不讓賢陳功見僞增實以無爲有以少爲多矣求便勢尊位食飲
驅馳從姬歌兒不顧於親犯法害民虛公家此夫爲盜不操矛弧者也攻而不用弦刃者也欺父母
未有罪而弑君未伐者也何以爲高賢才乎盜賊發不能禁夷貊不服不能攝姦邪起不能塞官耗
亂不能治四時不和不能調歲穀不熟不能適才賢不爲是不忠也才不賢而託官位利上奉妨賢
者處是竊位也有人者進有財者禮是僞也子獨不見鴟梟之與鳳凰翔乎蘭芷芎藭棄於曠野蒿
蕭成林使君子退而不顯衆公等是也述而不作君子義也今夫卜者必法天地象四時順於仁義
分策定卦旋式正棊然後言天地之利害事之成敗昔先王之定國家必先龜策日月而後乃敢代
正時日乃後入家產子必先占吉凶後乃有之自伏羲作八卦周文王演三百八十四爻而天下治
越王勾踐倣文王八卦以破敵國霸天下由是言之卜筮有何負哉且夫卜筮者掃除設坐正其冠
帶然後乃言事此有禮也言而鬼神或以饗忠臣以事其上孝子以養其親慈父以畜其子此有德
者也而以義置數十百錢病者或以愈且死或以生患或以免事或以成嫁子娶婦或以養生此之

爲德豈直數十百錢哉此夫老子所謂上德不德是以有德今夫卜筮者利大而謝少老子之云豈異於是乎莊子曰君子內無饑寒之患外無刦奪之憂居上而敬居下不爲害君子之道也今夫卜筮者之爲業也積之無委聚藏之不用府庫徙之不用輜車負裝之不重止而用之無盡索之時持不盡索之物游於無窮之世雖莊氏之行未能增於是也子何故而云不可卜哉天不足西北星辰西北移地不足東南以海爲池日中必移月滿必虧先王之道乍存乍亡公責卜者言必信不亦惑乎公見夫談士辯人乎慮事定計必是人也然不能以一言說人主意故言必稱先王語必道上古慮事定計飾先王之成功語其敗害以恐喜人主之志以求其欲多言誇嚴莫大於此矣然欲彊國成功盡忠於上非此不立今夫卜者導惑教愚也夫愚惑之人豈能以一言而知之哉言不厭多故騏驥不能與罷驢爲駟而鳳凰不與燕雀爲羣而賢者亦不與不肖者同列故君子處卑隱以辟衆自匿以辟倫微見德順以除羣害以明天性助上養下多其功利不求尊譽公之等喁喁者也何知長者之道乎宋忠賈誼忽而自失芒乎無色悵然噤口不能言於是攝衣而起再拜而辭行洋洋也出市門僅能自上車伏軾低頭卒不能出氣居三日宋忠見賈誼於殿門外乃相引屛語相謂自歎

曰道高益安勢高益危居赫赫之勢失身且有日矣夫卜而有不審不見奪糈爲人主計而不審身無所處此相去遠矣猶天冠地屨也此老子之所謂無名者萬物之始也天地曠曠物之熙熙或安或危莫知居之我與若何足預彼哉彼久而愈安雖曾氏之義未有以異也久之宋忠使匈奴不至而還抵罪而賈誼爲梁懷王傅王墮馬薨誼不食毒恨而死此務華絕根者也太史公曰古者卜人所以不載者多不見于篇及至司馬季主余志而著之　按香案牘季主顏如少女鬚三尺黑如墨有子二男名法育女名濟華俱在委羽山

董子陽

按神仙傳董子陽少知長生之道隱博落山九十餘年但食桃飲石泉後逢司馬季主季主以導仙八方輿之遂度世

鮑叔陽

按雲笈七籤鮑叔陽者廣齊人也少好養生服桂屑後與司馬季主俱在委羽山師西靈子都太元仙女得尸解之道

王探

按晉案牘王探師司馬季主與人行身散雲霧或屹立平地俄起崇山

劉諷

按開封府志劉諷潁川人景帝時仕爲公車司馬事司馬季主得服日月精華之術晚歸鄉里脫形杖履而去

脩羊公

按列仙傳脩羊公魏人居華陰山石室中有懸石榻臥其上石盡穿陷略不動時取黃精食之後以道干景帝帝禮之使止王邸中數歲道不可得有詔問公何日發語未訖牀上化爲白石羊題其脇曰脩羊公謝天子後置石羊於通靈臺上羊後復去不知所在

子主

按列仙傳子主者楚語而細音不知何所人也詣江都王自言甯先生雇我作客三百年不得作直以爲狂人也問先生所在云在龍眉山上王遣吏將上龍眉山巔見甯先生毛身廣耳被髮鼓琴主

見之叩頭吏致王命先生曰此主吾北舍九世孫且念汝家當暴死女子三人勿預吾事語竟大風發吏走下山比歸宮中相殺三人王遣三牲立祠焉　按瑯嬛記江都王宴客忽大雪寒甚子主剪紅紙爲日帖於壁上頃刻光生射照一室煖於三夏坐客解衣子主蓋仙人也

茅盈

按太元眞人東嶽上卿司命眞君傳眞人姓茅諱盈字叔申咸陽南關人也姬胄分根氏族於茅積德累仁祚流百世誕縱明賢繼踵相承高祖父濛深識元達察覽興亡知周之衰不仕諸侯乃師於北郭北阿鬼谷先生遂隱遁華山盤桓靈峰逍遙幽岫靜念神仙商抗蕭寥絕塵人間也盈曾祖父偃濛之第四子也仕秦昭王之世位爲舍人稍遷車騎校尉長平恭侯琨彌霸正有功業於時焉盈祖父嘉仕秦莊王爲廣信侯始皇即位嘉輔帝室當襄王時也秦地漸以并巴蜀漢內宛郢置南郡癸北收上郡以東爲河東太原上黨東至滎陽置三川郡以呂不韋爲丞相號文信侯以嘉爲德信侯使招置賓客游士欲并天下始皇六年韓魏趙衛楚共擊秦取壽陵始皇使嘉將兵攻之有功焉衛迫東郡嘉又尅討皆平之始皇壯嘉志節賜金五千斤二十五年秦大興兵使嘉攻燕遼東得燕

王而還又遣嘉定荆江南地皆降是年置會稽郡嘉將兵於會稽而亡始皇哀其忠因以相國禮葬之於長安龍首山西南嘉有六子並知名於時始皇皆官爵承先並令賜姓其第六子諱祚字彥英不仕不學志願農畝卽盈之父也祚有三子長子諱盈字叔申次子諱固字季偉小子諱衷字思和盈少秉異操天才穎爍矯志脩抗行邁違逸不營聞達不交非類獨味清虛恬心元漠盈時年十八遂棄家委親入於恆山讀老子道德經及周易傳採取山朮而餌服之濟埃絕崖素挺靈岫仰希標元與世永違始皇三十年九月庚子盈高祖父濛於華山之中乘雲駕龍白日升天先是時其邑有謠曰神仙得者茅初成駕龍上昇入太清時下元洲戲赤城繼世而往在我盈帝若學之臘嘉平始皇聞謠歌而問其故父老具對曰此仙人之謠勸帝求長生之事於是始皇欣然乃有尋仙之志因改臘曰嘉平盈於恆山積六年思念至道誠感密應寢興妙論適於神夢彷彿見太元玉女把玉札而攜之曰西城有王君得眞道可爲君師子奚不尋而受教乎心豁靈暢啟徒內爽覺悟流光之騰暘自謂已得之於千載矣明辰植暉東盼霄邁登嶺陟峻徑到西城齋戒三月沐浴向望遂超榛冒險稽首靈域卒見王君後二十年從王君西至龜山見王母盈乃叩頭再拜自陳於王母曰盈小醜

賤生枯骨之餘敢以不肖之軀而慕龍鳳之年欲以朝菌之質竊求積朔之期雖仰遠流莫以知濟津塗堅塞所要無寄常恐一旦死於鐵放之難取笑於世俗之夫是以昔日負笈幽林貧師所生遂遇王君哀盈丹苦見授治身之要服氣之法於是靜齋深室造行其事師重見告以盈身非玉石而無主於恆氣非四時常生於內正當率御出入呼吸中適和液得修形神靡錯感應思積則魂魄不滯理合其分氣甄其適乃可形精不枯宅不可廢也若使精神疲於往反津液勞於出入則形當日凋神亦枯落歲滅其始月虧其昔矣宜便妙訪求其長易之益西王母曰子心至矣吾昔先師元始天王及皇天扶桑大帝君見遺以要言汝願聞之邪於是口告盈以玉佩金璫之道太極元眞之經盈拜受所言稽首而立又告盈曰夫金璫者上清之華蓋陰景之內眞玉佩者太上之隱元洞飛之寶章得其道者皆上陟霄霞登遨太極寢晏高空游行紫虛也向說元始天皇太帝君言是太霄二景隱書玉佩金璫之文章也又有陰陽二景內眞符與本文相隨太上法帷令授諸司命子玉札元挺錄字刊金黃映內耀紫書上清似當為上卿之君司命之任矣此道後別當付於子也然不先聞明堂元眞之道亦無由得太霄隱書也盈於是辭師乃歸帶索混俗亦不矯於世自說入恆山北谷

學儒俗之業時年四十九也盈父母尚存父見大怒爲子不孝不親供養尋逐妖妄流走四方吾當喻汝爲不生之子也欲杖罰之盈長跪謝曰盈受命應當得道道法世事兩不相濟雖違遠供養無旦夕之益能使家門平安父母老壽盈已受聖師符籙見營助者以天丁之兵見侍衛者以仙童玉女今道已成不可打擊恐三官考察非小故也父外信禮度未該內修道德元域意有未釋故驗盈情狀俾衆不惑於是操杖向盈適欲舉杖杖即摧折成數十段段皆飛揚如弓矢之發中壁壁穿中柱柱陷父悟不凡嗔意乃止盈曰向所啟正慮如此邂逅中人則有所傷故耳至漢宣帝時二弟俱貴衷爲五官大夫西河太守固爲執金吾並當之官鄉里相送者數百人時盈亦在座謂賓曰吾雖不作二千石亦有仙靈之職矣來年四月三日當之官能如今日之集會不衆許之至期日盈門前數頃地忽自平治無復寸莽皆青縑幄屋屋下鋪數重白氈容數百人坐遠近翕赫相語來者塞道客乃有數倍於送弟時衆賓並集爾時盈作主人不見使人但見金盤玉杯自至人前奇餚異果不可名字酒又美好又有妓樂絲竹金石聲動天地香馨之芳達於數里飲食隨益六百餘人莫不醉飽明日迎官來至文官則朱衣素帶數百人武官則甲兵牙旗器仗曜日盈與家人及親族辭決而

語宗家子弟曰夫眞仙道隱貴在迹翳不應表光曲飾動耀視聽吾所以不得默遁藏景潛舉空同者蓋欲以此道誘勸二弟之追慕也亦何但固爽之返迷耶天下有心者盡當注向神仙之冀獲爾言訖遂歸句曲邦人因改句曲爲茅君之山時二弟在官聞盈元跡眇邈白日神仙乘飛步虛越波凌津靈官奉從者於民口節蓋旌旗光耀天下始乃信仙化可學神靈可致然後明松喬不虛鼎湖寔有於是並各棄官還家以日仄之年方修盈糟粕遺事不得口訣未爲補益乃相與共歎而相謂曰家兄得道非他人也忽不往從親稟問密訣而留此按云云方書以規度世乎縱往而不達兄之神仙終不使吾等死於非所也遂共棄家扶輿自載以辭斯舉以漢元帝永光五年三月六日渡江求兄於東山遂與相見悲忻流涕告二弟曰悟何晚矣二弟跪曰固爽頑下不達道德願賜長生濟弟元盈曰卿已老矣欲難可補復縱得眞訣適可成地上仙耳其上清昇霄大術非老夫所學今且當漸階其易行以自支住於是並教二弟服青牙始生咽氣液之道以住血斷補焦枯攝筋骨之益亦停年不死之法也因以長齋三年授以上道使存明堂元眞之氣以攝運生精理和魂神三年之內竭誠精思神光乃見於是六丁奉侍天兵衛護盈又各賜九轉還丹一劑并神方一首各拜而

服之仙道成矣後授紫素之書各百字以付固衷固衷拜受其時亦有執儀者以啟正之紫素文曰
太上有命天職眞書言咸陽茅固家於南關厥字季偉受名當仙位爲定錄兼統地眞使保舉有道
年命相關勤恭所蒞四極法令宮館洞臺治丹陽句曲之山固其勖之勔靜察聞又曰盈固弟衷挺
業該清雖晚反正思微徹誠斷滅六天才穎標明令加司三官保命建名總括岱宗領死記生位爲
地仙九宮之英勸教童蒙開道方成教訓女官授諸妙爐蒞治百鬼典異校精開察水源江海流傾
封掌金谷藏錄玉漿監植龍芝洞草夜光治於良常之山帶北洞之口鎭陰宮之門也使者授書訖
而去至漢平帝元壽二年八月己酉五帝各乘方面色車從羣官來下受太帝之命授盈爲司命東
卿上眞君文以紫玉爲板黃金刻之其文曰維盈虛挺蓬朗幽耽妙元爰自童蒙散髮北山靜心林
澤積思求神登峻履谷艱辛師門擲形絕嶠投軀萬津丹誠率往肆其天然遂造明匠乃授靈篇剪
髮祝跪殘首截身帶索自樂不恥飢寒所適惟道所保以眞情昭上帝感激太元今敕授盈位爲太
元眞人領東嶽上卿司命神君君平心正格秉操金石丹心矯衆棲神高映故報盈以玉鉞繇旄八
威之策使盈征伐源澤折衝萬神君寒棲林谷味元仰眞思激窮岫啟心精誠今故報盈以紫毦之

節蘤敷蕤冠使盈招驅萬靈封山召雲君棄家獨往離親樂仙契闊嶮巇冬祖山川今故報盈以繡羽紫帔丹青飛裙使盈從容霄階攜命玉眞君步驟滐藪足履危仞心既志尚曾不衒憚今故報盈以斑龍之頭素虎之耕使盈浮晏太空飛輪帝庭君披榛併莽寒凌霜雪心求明眞不戰不慄今故報盈以曲晨寶蓋瓊輪綠軿使盈遊盼九宮靜神溫密君遠秀遁榮無疲於心潛形幽嶽靜思萬林今故報盈以流金火鈴雙珠月明可以上聞太極通於上清君貞心高靜淫累不經素擬浩映內外坦平今故報盈以錦旌繡旛白羽元筆可以呼召六陰玉女侍軒君慈向觸物陰德萬生蠢動之毛皆念經營今故報盈以鳳鸞之簫金鐘玉磬可以和神虛館樂眞辨靈君饑渴養神艱辛求眞萬物不能致其感千邪不能毀其淳今故賜盈以紫琳之腴玉漿金醴可以齊同三光刻觸丹瓊也盈標領清元紫瑋八映心暉玉離神曜太霞寶眞人之長者故以太元爲號君九德既備感積太微天人虛白不期同歸今酬九霄以報往懷盈心神方朗四靈所棲丹神啟煥秉直不迴正任全固監無照微今屈宰上卿總括東嶽又加司命之任以領錄圖籍給玉童玉女各四十人以出入太微受事太極也治宮赤城玉洞之府盈其治之動靜以聞於是盈與二弟訣別而與王君俱去到赤城玉洞之

府道次諸山川神靈有司迎叔引者將以千萬矣臨去告二弟曰吾今去矣便有局任不得復數相往來旦夕相見要當一年再過來於此山三月十八日十二月二日期要吾師及南嶽太虛赤眞人遊盼於二弟之處也將可記識之及有好道者待吾於是乎吾自當料理之以相教訓未悟於是季偉思和遂留治此山洞內立宮結構於外將道養萬物流潤群生德加鳥獸各獲其情神驗禍福罪惡必明內法既融外教坦平爾乃風雨以時五禾成熟疾癘不起災害不行父老謌曰茅山連金陵江湖據下流三神乘白鵠各治一山頭召雨灌旱稻陸田苗亦柔妻子咸保室使我無百憂白鵠翔青天何時復來遊

按集仙傳大茅君盈南至句曲之山漢元壽二年八月南嶽眞人赤君西城王君及諸青童並從王母降於盈室頃之天皇大帝遣繡衣使者冷廣子期賜盈神璽玉章大微帝君遣三天左宮御史管修條賜盈八龍錦輿紫羽華衣太上大道君遣協晨大夫叔門賜盈金虎眞符流金之鈴金闕聖君命太極眞人正一上元王郎王忠鮑丘等賜盈以四節嘁胎流明神芝四使者授訖使盈食芝佩璽服衣玉冠帶符握鈴而立四使者告盈曰食四節隱芝者位爲眞卿食金闕玉芝者位爲司命食流明金英者位爲司祿食長曜雙飛者位爲司命眞伯食夜光洞草者總主在

左御史之任子盡食之矣壽齊天地位爲司命上眞東嶽上卿統吳越之神仙總江左之山源矣言畢使者俱去五帝君各以方面車服降於其庭傳太帝之命賜紫玉之版黃金刻書九錫之文拜盈爲東嶽上卿司命眞君太元眞人事畢俱去王母及盈師西城王君爲盈設天廚酣宴歌元靈之曲宴罷王母攜王君及盈省顧盈之二弟各授道要王母命上元夫人授茅固茅衷太霄隱書丹景道精等四部寶經王母執太霄隱書命侍女張靈子執交信之盟以授於盈固及衷事訖西王母昇天而去其後紫虛元君魏華存夫人請齋於陽洛之山隱元之臺西王母與金闕聖君降於臺中乘八景之輿同詣清虛上宮傳玉清隱書四卷以授華存是時三元夫人馮雙珠紫陽左仙公石路成太極高仙伯延蓋公子西城眞人王方平太虛眞人南嶽眞人赤松子桐柏眞人王喬等三十餘眞各歌太極陰歌之曲王母爲之歌曰駕我八景輿欻然入玉清龍羣拂霄上虎旂攝朱兵逍遙元津際萬流無暫停哀此去留會劫盡天地傾當尋無中景不死亦不生體彼自然道寂觀合太冥南嶽凝眞幹玉英耀穎精有任靡其事虛心自受靈嘉會降河曲相與樂未央王母歌畢三元夫人答歌亦畢王母及三元夫人紫陽左公太極仙伯清靈王君乃攜南岳魏華存同去東南行俱詣天台霍山

過句曲之金壇寔太元眞人茅叔申於華陽洞天留華存於霍山洞宮玉宇之下衆眞皆從王母昇

還龜臺矣

卷終

神仙部列傳五

漢二　漢武帝

按史記漢武帝本紀孝武皇帝者孝景中子也母曰王太后孝景四年以皇子爲膠東王孝景七年栗太子廢爲臨江王以膠東王爲太子孝景十六年崩太子卽位爲孝武皇帝孝武皇帝初卽位尤敬鬼神之祀元年漢興已六十餘歲矣天下乂安薦紳之屬皆望天子封禪改正度也而上鄉儒術招賢良趙綰王臧等以文學爲公卿欲議古立明堂城南以朝諸侯草巡狩封禪改歷服色事未就會竇太后治黃老言不好儒術使人微伺得趙綰等姦利事召案綰臧綰臧自殺諸所興爲者皆廢後六年竇太后崩其明年上徵文學之士公孫弘等明年上初至雍郊見五時後常三歲一郊是時上求神君舍之上林中蹏氏觀神君者長陵女子以子死悲哀故見神於先後宛若宛若祠之其室民多往祠平原君往祠其後子孫以尊顯及武帝卽位則厚禮置祠之內中聞其言不見其人云是時而李少君亦以祠竈穀道卻老方上見上尊之少君者故深澤侯入以主方匿其年及所生長常

自謂七十能使物卻老其游以方徧諸侯無妻子人聞其能使物及不死更饋遺之常餘金錢帛衣食人皆以爲不治產業而饒給又不知其何所人愈信爭事之少君資好方善爲巧發奇中嘗從武安侯飲坐中有年九十餘老人少君乃言與其大父游射處老人爲兒時從其大父行識其處一坐盡驚少君見上上有故銅器問少君少君曰此器齊桓公十年陳於柏寢已而案其刻果齊桓公器一宮盡駭以少君爲神數百歲人也少君言於上曰祠竈則致物致物而丹砂可化爲黃金黃金成以爲飲食器則益壽益壽而海中蓬萊仙者可見見之以封禪則不死黃帝是也臣嘗游海上見安期生食巨棗大如瓜安期生仙者通蓬萊中合則見人不合則隱於是天子始親祠竈而遣方士入海求蓬萊安期生之屬而事化丹砂諸藥齊爲黃金矣居久之李少君病死天子以爲化去不死也而使黃錘史寬舒受其方求蓬萊安期生莫能得而海上燕齊怪迂之方士多相效更言神事矣亳人薄誘忌奏祠泰一方曰天神貴者泰一泰一佐曰五帝古者天子以春秋祭泰一東南郊用太牢具七日爲壇開八通之鬼道於是天子令太祝立其祠長安東南郊常奉祠如忌方其後人有上書言古者天子三年一用太牢具祠神三一天一地一泰一天子許之令太祝領祠之於忌泰一壇上

如其方後人復有上書言古者天子常以春秋解祠祠黃帝用一梟破鏡冥羊用羊祠馬行用一青牡馬泰一皐山山君地長用牛武夷君用乾魚陰陽使者以一牛令祠官領之如其方而祠於忌泰一壇旁其後天子苑有白鹿以其皮爲幣以發瑞應造白金焉其明年郊雍獲一角獸若麃然有司曰陛下肅祇郊祀上帝報享錫一角獸蓋麟云於是以薦五時時加一牛以燎賜諸侯白金以風符應合於天地於是濟北王以爲天子且封如乃上書獻泰山及其旁邑天子受之更以他縣償之常山王有罪遷天子封其弟于眞定以續先王祀而以常山爲郡然後五嶽皆在天子之郡其明年齊人少翁以鬼神方見上上有所幸王夫人夫人卒少翁以方術蓋夜致王夫人及竈鬼之貌云天子自帷中望見焉於是乃拜少翁爲文成將軍賞賜甚多以客禮禮之文成言曰上卽欲與神通宮室被服不象神神物不至乃作畫雲氣車及各以勝日駕車辟惡鬼又作甘泉宮中爲臺室畫天地泰一諸神而置祭具以致天神居歲餘其方益衰神不至乃爲帛書以飯牛詳弗知也言此牛腹中有奇殺而視之得書書言甚怪天子疑之有識其手書問之人果爲書於是誅文成將軍而隱之其後則又作柏梁銅柱承露仙人掌之屬矣文成死明年天子病鼎湖甚巫醫無所不致至不愈游水發

根乃言曰上郡有巫病而鬼下之上召置祠之甘泉及病使人問神君神君言曰天子毋憂病病少愈強與我會甘泉於是病愈遂幸甘泉病良已大赦天下置壽宮神君神君最貴者大夫其佐曰大禁司命之屬皆從之非可得見聞其音與人言等時去時來來則風肅然也居室帷中時晝言然常以夜天子祓然後入因巫為主人關飲食所欲者言行下又置壽宮北宮張羽旗設供具以禮神君神君所言上使人受書其言命之曰畫法其所語世俗之所知也毋絕殊者而天子獨喜其事祕世莫知也其後三年有司言元宜以天瑞命不宜以一二數一元曰建元二元以長星曰元光三元以郊得角獸一曰元狩云其明年冬天子郊雍議曰今上帝朕親郊而后土毋祀則禮不荅也有司與太史公祠官寬舒等議天地牲角繭栗今陛下親祀后土后土宜於澤中圜丘為五壇壇一黃犢太牢具已祠盡瘞而從祠衣上黃於是天子遂東始立后土祠汾陰脽上如寬舒等議上親望拜如上帝禮禮畢天子遂至滎陽而還過雒陽下詔曰三代邈絕遠矣難存其以三十里地封周後為周子南君以奉先王祀焉是歲天子始巡郡縣侵尋於泰山矣其春樂成侯上書言欒大欒大膠東宮人故嘗與文成將軍同師已而為膠東王尚方而樂成侯姊為康王后毋子康王死他姬子立為王而

康后有淫行與王不相中得相危以法康后聞文成已死而欲自媚於上乃遣欒大因樂成侯求見言方天子既誅文成後悔恨其早死惜其方不盡及見欒大大悅大爲人長美言多方略而敢爲大言處之不疑大言曰臣嘗往來海中見安期羨門之屬顧以爲臣賤不信臣又以爲康王諸侯爾不足予方臣數言康王康王又不用臣臣之師曰黃金可成而河決可塞不死之藥可得僊人可致也臣恐效文成則方士皆掩口惡敢言方哉上曰文成食馬肝死爾子誠能修其方我何愛乎大曰臣師非有求人人主求之陛下必欲致之則貴其使者令有親屬以客禮待之勿卑使各佩其信印乃可使通言於神人神人尚肯邪不邪致尊其使然後可致也於是上使先驗小方鬬旗旗自相觸擊是時上方憂河決而黃金不就乃拜大爲五利將軍居月餘得四金印佩天士將軍地士將軍大通將軍天道將軍印制詔御史昔禹疏九江決四瀆閒者河溢臯陸隄繇不息朕臨天下二十有八年天若遺朕士而大通焉乾稱蜚龍鴻漸於般意庶幾與焉其以二千戶封地士將軍大爲樂通侯賜列侯甲第僮千人乘輿斥車馬帷帳器物以充其家又以衛長公主妻之齎金萬斤更名其邑曰當利公主天子親如五利之第使者存問所給連屬於道自大主將相以下皆置酒其家獻遺之於是

天子又刻玉印曰天道將軍使使衣羽衣夜立白茅上五利將軍亦衣羽衣立白茅上受印以示弗臣也而佩天道者且為天子道天神也於是五利常夜祠其家欲以下神神未至而百鬼集矣然頗能使之其夜治裝行東入海求其師云大見數月佩六印貴振天下而海上燕齊之間莫不搤腕而自言有禁方能神僊矣其夏六月中汾陰巫錦為民祠魏脽后土營旁見地如鉤狀掊視得鼎鼎大異於衆鼎文鏤無款識怪之言吏吏告河東太守勝勝以聞天子使使驗問巫錦得鼎無姦詐乃以禮祠迎鼎至甘泉從行上薦之至中山晏溫有黃雲蓋焉有麃過上自射之因以祭云至長安公卿大夫皆議請尊寶鼎天子曰間者河溢歲數不登故巡祭后土祈為百姓育穀今年豐廡未有報鼎曷為出哉有司皆曰聞昔太帝興神鼎一一者一統天地萬物所繫終也黃帝作寶鼎三象天地人也禹收九牧之金鑄九鼎皆嘗鬺烹上帝鬼神遭聖則興遷於夏商周德衰宋之社亡鼎乃淪伏而不見頌云自堂徂基自羊徂牛鼐鼎及鼒不虞不驁胡考之休今鼎至甘泉光潤龍變承休無疆合茲中山有黃白雲降蓋若獸為符路弓乘矢集獲壇下報祠大饗惟受命而帝者心知其意而合德焉鼎宜見於祖禰藏於帝廷以合明應制曰可入海求蓬萊者言蓬萊不遠而不能至者殆不見其

氣上乃遣望氣佐候其氣云其秋上幸雍且郊或曰五帝泰一之佐也宜立泰一而上親郊之上疑未定齊人公孫卿曰今年得寶鼎其冬辛巳朔旦冬至與黃帝時等卿有札書曰黃帝得寶鼎宛侯問於鬼臾區鬼臾區對曰黃帝得寶鼎神筴是歲己酉朔旦冬至得天之紀終而復始於是黃帝迎日推筴後率二十歲得朔旦冬至凡二十推三百八十年黃帝僊登於天卿因所忠欲奏之所忠視其書不經疑其妄書謝曰寶鼎事已決矣尙何以爲卿因嬖人奏之上大悅召問卿對曰受此書申功申功已死上曰申功何人也卿曰申功齊人也與安期生通受黃帝言無書獨有此鼎書曰漢興復當黃帝之時漢之聖者在高祖之孫且曾孫也寶鼎出而與神通封禪封禪七十二王惟黃帝得上泰山封申功曰漢主亦當上封上封則能僊登天矣黃帝時萬諸侯而神靈之封居七千天下名山八而三在蠻夷五在中國中國華山首山太室太山東萊此五山黃帝之所常遊與神會黃帝且戰且學僊患百姓非其道乃斷斬非鬼神者百餘歲然後得與神通黃帝郊雍上帝宿三月鬼臾區號大鴻死葬雍故鴻冢是也其後黃帝接萬靈明廷明廷者甘泉也所謂寒門者谷口也黃帝采首山銅鑄鼎於荊山下鼎既成有龍垂胡顉下迎黃帝黃帝上騎羣臣後宮從上龍七十餘人龍乃上去餘

小臣不得上乃悉持龍頷龍頷拔墮黃帝之弓百姓仰望黃帝既上天乃抱其弓與龍胡頷號故後世因名其處曰鼎湖其弓曰烏號於是天子曰嗟乎吾誠得如黃帝吾視去妻子如脫躧耳乃拜卿為郎東使候神於太室上遂郊雍至隴西西登崆峒幸甘泉令祠官寬舒等具泰一祠壇壇放薄忌泰一壇壇三垓五帝壇環居其下各如其方黃帝西南除八通鬼道泰一所用如雍一畤物而加醴棗脯之屬殺一犛牛以為俎豆牢具而五帝獨有俎豆醴進其下四方地為餟食羣神從者及北斗云已祠胙餘皆燎之其牛色白鹿居其中彘在鹿中水而洎之祭日以牛祭月以羊彘特泰一祝宰則衣紫及繡五帝各如其色日赤月白十一月辛巳朔日冬至昧爽天子始郊拜泰一朝朝日夕夕月則揖而見泰一如雍禮其贊饗曰天始以寶鼎神筴授皇帝朔而又朔終而復始皇帝敬拜見焉而衣上黃其祠列火滿壇壇旁烹炊具有司云祠上有光焉公卿言皇帝始郊見泰一雲陽有司奉瑄玉嘉牲薦饗是夜有美光及晝黃氣上屬天太史公祠官寬舒等曰神靈之休祐福兆祥宜因此地光域立泰畤壇以明應令太祝領祀及臘間祠三歲天子一郊見其秋為伐南粵告禱泰一以牡荊畫幡日月北斗登龍以象天一三星為泰一鋒名曰靈旗為兵禱則太史奉以指所伐國而五

利將軍使不敢入海之泰山祠上使人微隨驗實無所見五利妄言見其師其方盡多不讎上乃誅五利其冬公孫卿候神河南見仙人跡緱氏城上有物若雉往來城上天子親幸緱氏城視跡問卿得無效文成五利乎卿曰仙者非有求人主人主求之其道非少寬假神不來言神事事如迂誕積以歲乃可致於是郡國各除道繕治宮觀名山神祠所以望幸矣其年既滅南越上有嬖臣李延年以好音見上善之下公卿議曰民閒祠尙有鼓舞之樂今郊祠而無樂豈稱乎公卿曰古者祀天地皆有樂而神祇可得而禮或曰泰帝使素女鼓五十弦瑟悲帝禁不止故破其瑟爲二十五弦於是塞南越禱祠泰一后土始用樂舞益召歌兒作二十五弦及箜篌瑟自此起其來年冬上議曰古者先振兵澤旅然後封禪乃遂北巡朔方勒兵十餘萬還祭黃帝冢橋山澤兵須如上曰吾聞黃帝不死今有冢何也或對曰黃帝已仙上天羣臣葬其衣冠既至甘泉爲且用事泰山先類祠泰一自得寶鼎上與公卿諸生議封禪封禪用希曠絕莫知其儀禮而羣儒采封禪尙書周官王制之望祀射牛事齊人丁公年九十餘曰封者合不死之名也秦皇帝不得上封陛下必欲上稍上卽無風雨遂上封矣上於是乃令諸儒習射牛草封禪儀數年至且行天子既聞公孫卿及方士之言黃帝以上

封禪皆致怪物與神通欲放黃帝以嘗接神僊人蓬萊士高世比德於九皇而頗采儒術以文之羣儒既以不能辯明封禪事又牽拘於詩書古文而不敢騁上為封祠器示羣儒羣儒或曰不與古同徐偃又曰太常諸生行禮不如魯善周霸屬圖封事於是上絀偃霸盡罷諸儒弗用三月遂東幸緱氏禮登中嶽太室從官在山下聞若有言萬歲云問上上不言問下下不言於是以三百戶封太室奉祠命曰崇高邑東上泰山山之草木葉未生乃令人上石立之泰山巔上遂東巡海上行禮祠八神齊人之上疏言神怪奇方者以萬數然無驗者乃益發船令言海中神山者數千人求蓬萊神人公孫卿持節常先行候名山至東萊言夜見一人長數丈就之則不見見其跡甚大類禽獸云羣臣有言見一老父牽狗言吾欲見巨公已忽不見上既見大跡未信及羣臣有言老父則大以為仙人也宿留海上與方士傳車及閒使求仙人以千數四月還至奉高上念諸儒及方士言封禪人人殊不經難施行天子至梁父禮祠地主乙卯令侍中儒者皮弁薦紳射牛行事封泰山下東方如郊祠泰一之禮封廣丈二尺高九尺其下則有玉牒書書祕禮畢天子獨與侍中奉車子侯上泰山亦有封其事皆禁明日下陰道丙辰禪泰山下阯東北肅然山如祭后土禮天子皆親拜見衣上黃而盡

用樂焉江淮間一茅三脊為神藉五色土益雜封縱遠方奇獸蜚禽及白雉諸物頗以加祠兕旄牛犀象之屬弗用皆至泰山然後去封禪祠其夜若有光晝有白雲起封中天子從封禪還坐明堂羣臣更上壽於是制詔御史朕以眇眇之身承至尊兢兢焉懼弗任維德菲薄不明於禮樂修祀泰一若有象景光屑如有望依依震於怪物欲止不敢遂登封泰山至於梁父而后禪肅然自新嘉與士大夫更始賜民百戶牛一酒十石加年八十孤寡布帛二疋復博奉高蛇丘歷城毋出今年租稅其赦天下如乙卯赦令行所過毋有復作事在二年前皆勿聽治又下詔曰古者天子五載一巡狩用事泰山諸侯有朝宿地其令諸侯各治邸泰山下天子既已封禪泰山旣無風雨菑而方士更言蓬萊諸神僊若將可得於是上欣然庶幾遇之乃復東至海上望冀遇蓬萊焉奉車子侯暴病一日死上乃遂去並海上北至碣石巡自遼西歷北邊至九原五月返至甘泉有司言寶鼎出為元鼎以今年為元封元年其秋有星茀於東井後十餘日有星茀於三能望氣王朔言候獨見其星出如瓠食頃復入焉有司言曰陛下建漢家封禪天其報德星云其來年冬郊雍五帝還拜祝祠泰一贊饗曰德星昭衍厥維休祥壽星仍出淵耀光明信星昭見皇帝敬拜泰祝之饗其春公孫卿言見神人東

萊山若云見天子天子於是幸緱氏城拜卿爲中大夫遂至東萊宿留之數日毋所見見大人跡復遣方士求神怪采芝藥以千數是歲旱於是天子旣出毋名乃禱萬里沙過祠泰山還至瓠子自臨塞決河留二日沈祠而去使二卿將卒塞決河河徙二渠復禹之故跡焉是時旣滅南越越人勇之乃言越人俗信鬼而其祠皆見鬼數有效昔東甌王敬鬼壽至百六十歲後世謾怠故衰耗乃令越巫立越祝祠安臺無壇亦祠天神上帝百鬼而以雞卜上信之越祠雞卜始用焉公孫卿曰僊人可見而上往常遽以故不見今陛下可爲觀如緱氏城置脯棗神人宜可致且僊人好樓居於是上令長安則作蜚廉桂觀甘泉則作益延壽觀使卿持節設具而候神人乃作通天臺置祠具其下將招來神僊之屬於是甘泉更置前殿始廣諸宮室夏有芝生殿防內中天子爲塞河興通天臺若有光云乃下詔曰甘泉防生芝九莖赦天下毋有復作其明年伐朝鮮夏旱公孫卿曰黃帝時封則天旱乾封三年上乃下詔曰天旱意乾封乎其令天下尊祠靈星焉其明年上郊雍通回中道巡之春至鳴澤從西河歸其明年冬上巡南郡至江陵而東登禮灊之天柱山號曰南嶽浮江自尋陽出樅陽過彭蠡祀其名山川北至琅邪並海上四月中至奉高修封焉初天子封泰山泰山東北阯古時有

明堂處處險不敞上欲治明堂奉高旁未曉其制度濟南人公玉帶上黃帝時明堂圖明堂圖中有一殿四面無壁以茅蓋通水圜宮室爲複道上有樓從西南入命曰崑崙天子從之入以拜祠上帝焉於是上令奉高作明堂汶上如帶圖及五年修封則祠泰一五帝於明堂上坐令高皇帝祠坐對之祠后土於下房以二十太牢天子從崑崙道入始拜明堂如郊禮禮畢燎堂下而上又上泰山有祕祠其巔而泰山下祠五帝各如其方黃帝并赤帝而有司侍祠焉泰山上舉火下悉應之其後二歲十一月甲子朔旦冬至推曆者以本統天子親至泰山以十一月甲子朔旦冬至日祠上帝明堂每修封禪其贊饗曰天增授皇帝泰元神筴周而復始皇帝敬拜泰一東至海上考入海及方士求神者莫驗然益遣冀遇之十一月乙酉柏梁災十二月甲午朔上親禪高里祠后土臨渤海將以望祠蓬萊之屬冀至殊庭焉上還以柏梁災故朝受計甘泉公孫卿曰黃帝就青靈臺十二日燒黃帝乃治明庭明庭甘泉也方士多言古帝王有都甘泉者其後天子又朝諸侯甘泉甘泉作諸侯邸勇之乃曰越俗有火災復起屋必以大用勝服之於是作建章宮度爲千門萬戶前殿度高未央其東則鳳闕高二十餘丈其西則唐中數十里虎圈其北治大池漸臺高二十餘丈名曰泰液池中有蓬

萊方丈瀛洲壺梁象海中神山龜魚之屬其南有玉堂璧門大鳥之屬乃立神明臺井幹樓度五十餘丈輦道相屬焉夏漢改曆以正月爲歲首而色尚黃官名更印章以五字因爲太初元年是歲西伐大宛蝗大起丁夫人雒陽虞初等以方祠詛匈奴大宛焉其明年有司言雍五畤無牢熟具芬芳不備乃命祠官進畤犢牢具五色食所勝而以木耦馬代駒焉獨五帝用駒行親郊用駒及諸名山川用駒者悉以木耦馬代行過乃用駒他禮如故其明年東巡海上考神仙之屬未有驗者方士有言黃帝時爲五城十二樓以候神人于執期命曰迎年上許作之如方明年上親禮祠上帝衣上黃焉公玉帶曰黃帝時雖封泰山然風后封鉅岐伯令黃帝封東泰山禪凡山合符然後不死焉天子既令設祠具至東泰山東泰山卑小不稱其聲乃令祠官禮之而不封禪焉其後令帶奉祠候神物夏遂還泰山修五年之禮如前而加禪祠石閭石閭者在泰山下阯南方方士多言此仙人之閭也故上親禪焉其後五年復至泰山修封還過祭常山今天子所興祠泰一后土三年親郊祠建漢家封禪五年一修封薄忌泰一及三一冥羊馬行赤星五寬舒之祠官以歲時致禮凡六祠皆太祝領之至如八神諸神明年凡山他名祠行過則祀去則已方士所興祠各自主其人終則已祠官弗主

他祠皆如其故今上封禪其後十二歲而還徧於五嶽四瀆矣而方士之候祠神人入海求蓬萊終無有驗而公孫卿之候神者猶以大人跡爲解無其效天子亦怠厭方士之怪迂語矣然終羈縻弗絕冀遇其眞自此之後方士言祠神者彌衆然其效可睹矣

按漢武帝內傳漢孝武皇帝景帝子也未生之時景帝夢一赤彘從雲中下直入崇芳閣景帝覺而坐閣下果有赤龍如霧來蔽戶牖宮內嬪御望閣上有丹霞蓊蔚而起霞滅見赤龍盤廻棟間景帝召占者姚翁以問之翁曰吉祥也此閣必生命世之人攘夷狄而獲嘉瑞爲劉宗盛主也然亦大妖景帝使王夫人移居崇芳閣欲以順姚翁之言也乃改崇芳閣爲猗蘭殿旬餘景帝夢神女捧日以授王夫人夫人吞之十四月而生武帝景帝曰吾夢赤氣化爲赤龍占者以爲吉可名之吉至三歲景帝抱於膝上撫念之知其心藏洞徹試問兒樂爲天子否對曰由天不由兒願每日居宮垣在陛下前戲弄亦不敢逸豫以失子道景帝聞而愕然加敬而訓之他日復抱之几前試問兒悅習何書爲朕言之乃誦伏羲以來羣聖所錄陰陽診候及龍圖龜策數萬言無一字遺落至七歲聖徹過人景帝令改名徹及即位好神仙之道常禱祈名山大川五嶽以求神僊元封元年正月甲子登嵩山起道宮帝齋七日祠訖乃還至四

月戊辰帝閒居承華殿東方朔董仲舒在側忽見一女子著青衣美麗非常帝愕然問之女對曰我墉宮玉女王子登也乃爲王母所使從崐崙山來語帝曰聞子輕四海之祿尋道求生降帝王之位而屢禱山嶽勤哉有似可教者也從今日淸齋不閒人事至七月七日王母暫來也帝下席跪諾言訖玉女忽然不知所在帝問東方朔此何人朔曰是西王母紫蘭宮玉女常傳使命往來扶桑出入靈州交關常陽傳言元都阿母昔出配北燭仙人近又召還使領命祿眞靈官也帝於是登延靈之臺盛齋存道其四方之事權委於冢宰焉到七月七日乃修除宮掖設坐大殿以紫羅薦地燔百和之香張雲錦之帷然九光之燈列玉門之棗酌蒲萄之醴宮監香果爲天宮之饌帝乃盛服立於堦下敕端門之內不得有妄窺者內外寂謐以候雲駕到夜二更之後忽見西南如白雲起鬱然直來逕趨宮庭須臾轉近聞雲中簫鼓之聲人馬之響半食頃王母至也縣投殿前有似鳥集或駕龍虎或乘白麟或乘白鶴或乘軒車或乘天馬羣仙數千光耀庭宇既至從官不復知所在唯見王母乘紫雲之輦駕九色斑龍別有五十天僊側近鸞輿皆長丈餘同執綵旄之節佩金剛靈璽戴天眞之冠咸住殿下王母唯扶二侍女上殿侍女年可十六七服青綾之袿容眸流盼神姿淸發眞美人也

王母上殿東向坐著黃金褡襡文采鮮明光儀淑穆帶靈飛大綬腰佩分景之劍頭上太華髻戴太眞晨嬰之冠履元璚鳳文之舃視之可年三十許脩短得中天姿掩藹容顏絕世眞靈人也下車登牀帝跪拜問寒暄畢立因呼帝共坐帝面南王母自設天廚眞妙非常豐珍上果芳華百味紫芝萎蕤芬芳塡樏清香之酒非地上所有香氣殊絕帝不能名也又命侍女更索桃果須臾以玉盤盛仙桃七顆大如鴨卵形圓色青以呈王母母以四顆與帝三顆自食桃味甘美口有盈味帝食輒收其核王母問帝帝曰欲種之母曰此桃三千年一生實中夏地薄種之不生帝乃止於坐上酒觴數遍王母乃命諸侍女王子登彈八琅之璈又命侍女董雙成吹雲和之笙石公子擊昆庭之金許飛瓊鼓震靈之簧婉淩華拊五靈之石范成君擊湘陰之磬段安香作九天之鈞於是衆聲澈朗靈音駭空又命法嬰歌元靈之曲歌畢王母曰夫欲修身當營其氣太仙眞經所謂行益易之道益者益精易者易形能益能易名上僊籍不益不易不離死厄行益易者謂常思靈寶也靈者神也寶者精也子但愛精握固閉氣吞液氣化爲血血化爲精精化爲神神化爲液液化爲骨行之不倦神精充溢爲之一年易氣二年易血三年易精四年易脈五年易髓六年易骨七年易筋八年易髮九年易形

形易則變化變化則成道成道則為僊人吐納六氣口中甘香欲食靈芝存得其味微息揖吞從心所適氣者水也無所不成至柔之物通致神精矣此元始天王在丹房之中所說微言今敕侍笈玉女李慶孫書錄之以相付子善錄而修焉於是王母言語既畢嘯命靈官使駕龍嚴車欲去帝下席叩頭請留殷勤王母乃止王母乃遣侍女郭密香與上元夫人相問云王九光之母敬謝但不相見四千餘年矣天事勞我致以愆面劉徹好道適來視之見徹了了似可成道然形慢神穢腦血淫漏五臟不淳關胃彭孛骨無津液脈浮反升肉多精少瞳子不夷三尸狡亂元白失時雖當語之以至道殆恐非僊才也吾久在人間實為見溷然時復可遊望以寫細念庸主對坐悒悒不樂夫人可暫來否若能屈駕當停相須帝見侍女下殿俄失所在須臾郭侍女返上元夫人又遣一侍女答問云阿環再拜上問起居遠隔絳河擾以官事遂替顏色近五千年仰戀光潤情係無違密香至奉信承降尊於劉徹處聞命之際登當命駕先被太帝君敕使詣元洲校定天元正爾暫住如是當還還便束帶願暫少留帝因問王母不審上元何真也王母曰是三天上元之官統領十萬玉女名錄者也俄而夫人至亦聞雲中簫鼓之聲既至從官文武千餘人並是女子年皆十八九許形容明逸多服

青衣光彩耀目眞靈宮也夫人年可二十餘天姿精耀靈眸絕朗服青霜之袍雲彩亂色非錦非繡不可名字頭作三角髻餘髮散垂至腰戴九雲夜光之冠曳六出火玉之珮垂鳳文林華之綬佩流黃揮精之劍上殿向王母拜王母坐而止之呼同坐北向夫人設廚廚亦精珍與王母所設者相似王母敕帝曰此眞元之母尊貴之神汝當起拜帝拜問寒溫還坐夫人笑曰五濁之人耽酒樂利嗜味淫色固其常也且徹以天子之貴其亂目者倍於凡爲而復於華麗之墟拔嗜慾之根願無爲之事良有志矣王母曰所謂有心哉夫人謂帝曰汝好道乎聞數招方術祭山嶽祠靈神禱河川亦爲勤矣勤而不獲實有由也汝胎性暴胎性淫胎性奢胎性酷胎性賊五者恆舍於榮衛之中五臟之內雖獲良鍼固難愈也暴則使氣奔而攻神是故神擾而氣竭淫則使精漏而魂疲是故精竭而魂消奢則使眞離而魄穢是故命逝而靈失酷則使喪仁而自攻是故失仁而眼亂賊則使心鬭而口乾是故內戰而外絕此五事者皆是截身之刀鋸刳命之斧斤矣雖復志好長生不能遣茲五難亦何爲損性而自勞乎然由是得此小益以自知性爾若從今已後捨而五性反諸柔善明務察下慈務矜寃惠務濟貧賑務施勞念務存孤惜務及愛身恆爲陰德救濟死厄旦夕孜孜不泄精液於是

閉諸淫養汝神放諸奢從至儉勤齋戒節飲食絕五穀去羶腥鳴天鼓飲玉漿蕩華池叩金梁按而行之當有異耳今阿母以天尊之重下降於蟪蛄之窟以容虛之靈而詣狐鳥之俎且阿母至誠妙唱元音驗其敬勖節度明修所奉比及百年阿母必能致汝於元都之墟迎汝於昆閬之中位以僊官遊於十方信吾言矣子勵之哉若不能爾無所言矣帝下席跪謝曰臣受性凶頑生長亂濁面牆不啟無由開達然貪生畏死奉靈敬神今日受教此乃天也徹戢聖命以為身範是小醜之臣當獲生活唯垂哀護願賜一方上元夫人使帝還坐王母謂夫人曰卿之為戒言甚急切更使未解之人畏於至意夫人曰若其志道將以身投餓虎忘軀破愛蹈火履冰固於一志必無變也若其志道則心凝真性嫌惑之徒不畏急言急言之發欲成其志耳阿母既有念必當賜以尸解之方耳王母曰此子勤心已久而不遇良師遂欲毀其正志當疑天下必無仙人是故我發閬宮暫舍塵濁既欲堅其僊志又欲令向化不惑也今日相見令人念之至於尸解下方吾甚不惜後三年吾必欲賜以成丹半劑石象散一具與之則徹不得復停當今匈奴未彌邊陲有事何必令其倉卒舍天下之尊而便入林岫但當問篤向之志必卒何如其迴改吾方數來王母因撫帝背曰汝用上元夫人至言必

得長生可不勸勉耶帝跪曰徹書之金簡以身佩之焉帝又見王母巾笈中有一卷書盛以紫錦之囊帝問此書是仙靈方耶不審其目可得瞻盼否王母出以示之曰此五嶽眞形圖也昨青城諸仙就吾請求今當過以付之乃三天太上所出文祕禁重豈汝穢質所宜佩乎今且與汝靈光生經可以通神勸心也帝下地叩頭固請不已王母曰昔上皇清虛元年三天太上道君下觀六合瞻河海之長短察丘山之高卑立天柱而安於地理植五嶽而擬諸鎭輔貴昆陵以舍靈僊尊蓬丘以館眞人安水神於極陰之源棲太帝於扶桑之墟于是方丈之阜爲理命之室滄浪海島養九老之堂各爲洲名並在滄流大海元津之中水則碧黑俱流波則震蕩群精諸僊玉女聚居滄溟其名難測其實分明乃因山源之規矩覩河嶽之盤曲陵迴阜轉山高隴長周旋透迤形似書字是故因象制名定實之號書形祕於元臺而出爲靈眞之信諸僊佩之皆如傳章道士執之經行山川百神群靈尊奉親近汝雖不正然數訪仙澤扣求不忘於道欣子有心今以相與當深奉愼如事君父泄示凡夫必禍及也上元夫人語帝曰阿母今以瓊笈妙蘊發紫臺之文賜汝八會之書五嶽眞形可謂至珍且貴上帝之元觀矣子自非受命合神弗見此文矣今雖得其眞形觀其妙理而無五帝六甲左右

靈飛之符太陰六丁通眞逐靈玉女之籙太陽六戊招神天光策精之書左乙混沌東蒙之文右庚素收攝殺之律壬癸六遯隱地八術丙丁入火赤斑符六辛入金致黃水月華之法六己石精金光藏景化形之方子午卯酉八稟十訣六靈威儀丑辰未戌地眞素訣長生紫書三五順行寅申巳亥紫度炎光內視中方凡缺此十二事者當何以召山靈朝地神攝總萬精驅策百鬼束虎豹役蛟龍乎子所謂適知其一未見其他也帝下席叩頭曰徹下土濁民不識清眞今日聞道是生命會遇聖母今當賜以眞形修以度世夫人云今告徹應須五帝六甲六丁六符致靈之術既蒙啟發弘益無量唯願告誨濟臣饑渴使已枯之木蒙靈陽之潤焦炎之草幸甘雨之溉不敢多陳帝啟叩不已王母又告夫人曰夫眞形寶文靈官所貴此子守求不已誓以必得故虧科禁特以與之然五帝六甲通眞招神此術眇邈必須清潔至誠殆非流濁所宜施行吾今既賜徹以眞形夫人當授之以致靈之途矣吾嘗憶與夫人共登元隴朔野及曜眞之山視王子童王子立就吾求請太上隱書吾以三元祕言不可傳泄於中仙夫人時亦有言見助於子童之言志矣吾既難違來意不獨執惜至於今日之事有以相似後造朱火丹陵食靈瓜味甚好憶此未久而已七千歲矣夫人既以告徹篇目十

二事畢必當匠而成之緣何令人主稽首請乞叩頭流血耶上元夫人曰阿環不苟惜向不持來耳

此是太虛羣文眞人赤童所出傳之旣自有男女之限禁又宜授得道者恐徹下才未應得此耳王

母色不平乃曰天禁漏泄犯違明科傳必其人授必知眞者夫人何向下才而說其靈飛之篇目乎

妄說則泄泄而不傳是衒天道此禁豈輕於傳耶別敕三官司直推夫人之輕泄也吾之五嶽眞形

太寶乃太上天皇所出其文寶妙而爲天仙之信豈復應下授於劉徹耶直以徹孜孜之心數請川

嶽勤修齋戒以求神仙之應志在度世不遇明師故吾等有以下眄之耳至於教仙之術不復限惜

而弗傳夫人且有致靈之方能獨執之乎吾今所以授徹眞形文者非謂其必能得道欲使其精誠

有驗求僊之不惑可以誘進向化之徒又欲令悠悠者知天地間有此靈眞之事足以却不信之狂

夫耳吾意在此也此子性氣淫暴服精不純何能得成眞僊浮空參差十方乎勤而行之適可度於

不死耳明科所云非長生難聞道難也行之難非行之難也終之難良匠能與人規矩不能使人必

巧也何足隱之耶夫人謝曰謹受命矣但環昔蒙倒景君無常先生二君傳靈飛之約以四千年

一傳女授女不授男太上科禁已表於昭生之符矣環受書以來幷賢大女郎抱蘭凡傳六十八女

子固不可授男也伏見扶廣山青眞小童受六甲靈飛于太甲中元凡十二事與環所授者同青眞是環入火弟子所受六甲未聞別授于人彼男官也今止勅取之將以授徹也先所以告篇目者意是愍其有心將欲堅其專氣令且廣求他日與之亦欲以男授男承科而行使勤而方獲令知天眞之珍貴耳非徒苟執衒泄天道阿環主臣願不罪焉阿母眞形之貴愍於勤志亦已授之可謂大不宜矣王母笑曰亦可恕乎上元夫人卽命侍女紀離容徑到扶廣山敕青眞小童出六甲左右靈飛致神之方十二事當以授劉徹也須臾侍女還捧五色玉笈鳳文之蘊以出六甲之文曰弟子何昌言向奉使絳河攝南眞七元君檢校群龍猛獸之數事畢授教承阿母相詣劉徹家不意天靈至尊乃復下降於臭濁中也不審起居比來何如侍女紀離容至云尊母欲得金書祕字六甲靈飛左右策精之文十二事欲授劉徹輒封一通付信曰徹雖有心實非仙才詎宜以此傳泄於行尸乎昌近在帝處見有上言者甚衆云山鬼哭於叢林孤魂號於絕域興師旅而族有功忘賞勞而刑士卒縱橫白骨煩擾黔首淫酷自恣罪已彰於太上怨已見於天氣嚚言互閗必不得度世也奉尊見勑不敢違耳王母歎曰言此子者誠多然帝亦不必推也夫好道慕仙者精誠志念齋戒思愆輒除過一

月克己反善奉敬眞神存眞守一行此一月輒除過一年徹念道累年齋亦勤矣累禱名山願求度脫校計功過殆已相掩但今以去勤修至誠奉上元夫人之言不宜復奢淫暴虐使萬兆勞殘寃魂窮鬼有被屈之訴流血之尸忘功賞之辭耳夫人乃下席起立手執八色玉笈鳳文之蘊仰帝而祝曰九天浩洞太上耀靈神照元寂清虛朗明登虛者妙守氣者生至念道臻寂感眞誠役神形辱安精年榮授徹靈飛及此六丁左右招神天光策精可以步虛可以隱形長生久視還白留青我傳有四萬之紀授徹傳在四十之齡違犯泄漏禍必族傾反是天眞必沉幽冥爾其愼禍敢告劉生爾師主是眞青童小君太上中黃道君之師眞元始十天王入室弟子也姓延陵名陽字庇華形有嬰孩之貌故仙宮以青眞小童爲號其爲器也玉朗洞照聖周萬變元鏡幽覽才爲眞俊遊於扶廣權此始運館於元圃治仙職分子在師居從爾所願不存所授命必傾淪言畢夫人一一手指所施用節度以示帝焉凡十二事都畢又告帝曰夫五帝者方面之天精六甲六位之通靈佩而尊之可致長生此書上帝藏於元景之臺子其寶祕焉王母曰此三天太上之所撰藏于紫陵之臺隱以靈壇之房封以華琳之函韞以蘭繭之帛約以紫羅之素印以太帝之璽受之者四十年傳一人無其人八

十年可傳授二人得道者四百年一傳得仙者四千年一傳得眞者四萬年一傳昇太上者四十萬年一傳非其人謂之泄天道得其人不傳是謂蔽天寶非限妄傳是謂輕天老受而不敬是謂慢天藻泄蔽輕慢四者取死之刀斧延禍之車乘也泄者身死於道路受上刑而骸裂蔽者盲聾於來世命凋枉而卒歿輕則鍾禍於父母詣元都而考罰慢則暴終而墮惡道癈疾於後世此皆道之科禁故以相戒不可不愼也王母因授以五嶽眞形圖帝拜受俱畢夫人自彈雲林之璈歌步元之曲王母命侍女曰四非答歌歌畢乃告帝從者姓名及冠帶執佩物名所以得知而紀焉至明旦王母與上元夫人同乘而去人馬龍虎道從音樂如初而時雲彩鬱勃盡爲香氣極望西南良久乃絕帝既見王母及上元夫人乃信天下有神仙之事其後帝以王母所授五眞圖靈光經及上元夫人所授六甲靈飛十二事自撰集爲一卷及諸經圖皆奉以黃金之箱封以白玉之函以珊瑚爲軸紫錦爲囊安著柏梁臺上數自齋潔朝拜燒香灑埽然後乃執省焉帝自受法出入六年意旨清暢高韻自許爲神眞見降必當度世恃此不修至德更興起臺館勞弊萬民坑降殺服遠征夷狄路盈怨歎流血膏城每事不從至太初元年十一月乙酉天火燒柏梁臺眞形圖靈飛經錄十二事靈光經及自

撰所受凡十四卷幷函並先王毋當知武帝旣不從訓故火災耳其後東方朔一旦乘龍飛去同時衆人見從西北上冉冉仰望良久大霧覆之不知所適至元狩二年二月帝病行盩厔西憩五柞宮丁卯帝崩入殯未央宮前殿三月葬茂陵是夕帝棺自動而有聲聞宮外如此數遍又有芳香異常陵畢墳埏間大霧門柱壞霧經一月許日帝塚中先有一玉箱一玉杖此是西胡康渠王所獻帝甚愛之故入梓宮中其後四年有人於扶風市中買得此二物帝時左右侍人有識此物是先帝所珍玩者因認以告有司詰之買者乃商人也從關外來宿鄽市其日見一人於北車巷中賣此二物青布三十疋錢九萬卽售之度實不知賣箱杖主姓名事實如此有司以聞商人放還詔以二物付太廟又帝崩時遺詔以雜經三十餘卷常讀玩之使隨身斂到建康二年河東功曹李友入上黨抱犢山採藥於巖室中得此經盛以金箱卷後題東觀臣姓名記月日武帝時也河東太守張純以經箱奏進帝問武帝時左右侍臣有典書中郎冉登見經及箱流涕對曰此孝武皇帝殯殮時物也臣當時以著梓宮中不知何緣得出宣帝大愴然驚愕以經付孝武帝廟中按九都龍眞經云得仙之下者皆先死過太陰中鍊尸骸度地戶然後乃得尸解去耳且先殯經杖乃忽顯出貨於市中經見山

室自非神變幽妙孰能如此者乎按洞冥記元光中帝起壽靈壇壇上列植垂龍之木似青梧高十丈有朱露色如丹汁灑其葉地皆成珠其枝似龍之倒垂亦曰珍枝樹此壇高八尺帝使董謁乘雲霞之輦以昇壇至夜三更聞野雞鳴忽如曙西王母駕元鸞歌春歸樂謁乃聞王母歌聲而不見其形歌聲遶梁三匝乃止壇傍草樹枝葉或翻或動歌之感也四面列種軟棗條如青桂風至自拂增上遊塵

卷終

神仙部列傳六

漢三　上元夫人

按漢武帝內傳上元夫人道君弟子也亦元古以來得道總統眞籍亞于龜臺金母所降之處多使侍女相聞以爲賓侶焉漢孝武皇帝好神仙之道禱醮名山以求靈應元封元年辛未七月七日夜二唱之後西王母降于漢宮帝迎拜稽首侍立久之王母呼帝令坐食以天廚延宴粗悉命駕將去帝下席叩頭請留慇勤王母復坐乃命侍女郭密香邀夫人同宴于漢宮其後漢宣帝地節四年乙卯咸陽茅盈字叔申受黃金九錫之命爲東嶽上卿司命眞君太元眞人是時五帝君授冊既畢各昇天而去茅君之師乃總眞王君西靈王母與夫人降于句曲之山金壇之陵華陰天宮以宴茅君爲時茅君中君名固字季偉小君名衷字思和王母王君授以靈訣亦受錫命紫素之冊固爲定錄君衷爲保命君亦侍眞會王君告二君曰夫人乃三天眞皇之母上元之高尊統領十方玉女之籍汝可自陳二君下席再拜求乞長生之要夫人憫其勤志命侍女宋辟非出紫錦之囊開綠金之笈

以三元流珠經丹景道精經隱地八術經太極緣景經凡四部以授二君王母復勑侍女李方明出丹瓊之函披雲珠之笈出玉佩金瑞經太霄隱書經洞飛二景內書傳司命君各授書畢王母與夫人告去千乘萬騎昇還太空矣　按太平廣記寶曆中有封陟孝廉者居於少室貌態潔朗性頗貞端志在典墳僻於林藪探義而星歸腐草閱經而月墜幽窗兀兀孜孜俾夜作晝無非搜索隱奧未嘗暫縱愒時日也書堂之畔景像可窺泉石清寒桂蘭雅淡戲猱每竊其庭果唳鶴頻棲於澗松虛籟時吟纖埃晝闃烟鎖篔簹之翠節露滋躑躅之紅葩薜蔓衣垣苔茸毯砌時夜將午忽飄異香酷烈漸布於庭際俄有輜軿自空而降畫輪軋軋直湊簷楹見一仙姝侍從華麗玉佩敲磬羅裙曳雲體欺皓雪之容光臉奪芙蓉之艷冶正容斂袵而揖陟曰某籍本上仙謫居下界或遊人間五嶽或止海面三峯月到瑤階愁莫聽其鳳管蟲吟粉壁恨不寐于鴛衾燕浪語而徘徊鸞虛歌而縹緲寶瑟休泛虬觥懶斟紅杏艷枝激含嚬于綺殿碧桃芳萼引凝睇於瓊樓既厭曉粧漸融春思伏見郎君坤儀濬潔襟量端明學聚流螢文含隱豹所以慕其真樸愛以孤標特謁光容願持箕箒又不知郎君雅旨如何陟攝衣朗燭正色而坐言曰某家本貞廉性惟孤介貪古人之糟粕究前聖之指

歸編柳苦辛燃柏幽暗布被糲食燒蒿茹藜但自固窮終不斯濫必不敢當神仙降顧斷意如此幸早迴車姝曰某乍造門牆未申懇迫輙有詩一章奉留後七日更來詩曰謫居蓬島別瑤池春媚烟花有所思為愛君心能潔白願操箕箒奉屏幃陛覽之若不聞雲駢既去窗戶遺芳然陛心中不可轉也後七日夜姝又至騎從如前時麗容潔服艷媚巧言入白陛曰某以業緣遽縈魔障欻起蓬山瀛島繡帳錦宮恨起紅茵愁生翠被難窺舞蝶于芳草每妒流鶯于綺叢靡不雙飛俱能對跱自矜孤寢轉懵空閨秋却銀釭但凝眸于片月春辜瑤圃空抒思于殘花所以激切前時布露丹懇幸垂采納無阻精誠又不知郎君意竟如何陛又正色而言曰某身居山藪志已顓蒙不識鉛華豈知女色幸垂速去無相見尤姝曰願不貯其深疑幸望容其陋質輙更有詩一章後七日復來詩曰弄玉有夫皆得道劉剛兼室盡登仙君能仔細窺朝露須逐雲車拜洞天陛覽又不迴意後七日夜姝又至態柔容冶靚衣明眸又言曰逝波難駐西日易頹花木不停薤露非久輕漚泛水只得逡巡微燭當風莫過瞬息虛爭意氣能得幾時徒恃部顏須臾槁木所以君誇容鬢尚未凋零固止綺羅貪窮典籍及其衰老何以任持我有還丹頗能駐命許其依托必寫襟懷能遣君壽例三松瞳方兩目仙

山靈府任意追遊莫種槿花使朝晨而騁艷休敲石火尚昏黑而流光陛乃怒目而言曰我居書齋不欺暗室下惠為證叔子為師是何妖精苦相淩逼心如鐵石無更多言倘若遲迴必當窘辱侍衛諫曰小娘子迴車此木偶人不足與語況窮薄當為下鬼豈神仙配偶耶姝長吁曰我所以懇懇者為是青牛道士之苗裔況此時一失又須曠居六百年不是細事於戲此子大是忍人又留詩曰蕭郎不顧鳳樓人雲澀迴車淚臉新愁想蓬瀛歸去路難窺舊苑碧桃春轔轔出戶珠翠響空泠泠簫笙杳杳雲霧然陛意不易後三年陛染疾而終為太山所追束以大鎖使者驅之欲至幽府忽遇神仙騎從清道甚嚴使者躬身于道左曰上元夫人遊太山耳俄有仙騎召使者與囚俱來陛至彼仰窺乃昔日求偶仙姝也但左右彈指悲嗟僊姝遂索追狀曰不能于此人無情遂索大筆判曰封陛往雖執迷操惟堅潔實由樸戇難責風情宜更延一紀左右令陛跪謝使者遂解去鐵鏁曰僊官已釋則幽府無敢追攝使者却引歸良久蘇息後追悔昔日之事慟哭自咎而已

王母使者

按僊傳拾遺漢武帝天漢三年帝巡東海祠恆山王母遣使獻靈膠四兩吉光毛裘武帝以付外庫

不知膠裘二物之妙也以為西國雖遠而貢者不奇使者未遣之帝幸華林苑射虎兕弩弦斷使者時隨駕因上言請以膠一分以口濡其膠以續弩弦帝驚曰此異物也乃使武士數人對牽引之終日不脫勝未膠時也膠青色如碧玉吉光毛裘黃白蓋神馬之類裘入水終日不沉入火不焦帝悟厚賂使者而遣去膠出自鳳麟洲洲在西海中地面正方皆一千五百里四面皆弱水遶之上多鳳麟數萬為羣煑鳳喙及麟角合煎作膠名之集弦膠一名連金泥弓弩已斷之弦刀劍已斷之鐵以膠連續終不脫也

月支使者

按僊傳拾遺漢征和三年春武帝幸安定西胡月支國王遣使獻香四兩大如雀卵黑如桑椹帝以香非中國所乏以付外庫又獻猛獸一頭形如五六十日犬子大如貍其毛黃色國使將以呈帝帝見使者抱之以入其氣秃悴尤怪其所貢之非問使者曰此小物何謂猛獸使者對曰夫威加于百禽者不必計其大小是以神麟為巨象之王鳳凰為大鵬之宗亦不在巨細也臣國此去三十萬里常占東風入律百旬不休青雲干呂連月不散者中國將有好道之君矣我國王將仰中土而慕道

風薄金玉而厚靈物故搜奇蘊而索神香步天林而請猛獸乘肥車而濟弱水策驥足以度飛沙契闊途徑艱苦蹊路于今十三年矣神香辟天殘之死疾猛獸却百邪之魍魎夫此二物者實濟衆生之至要助至化而升平豈圖陛下乃不知貴乎是臣國占風之謬也今日仰覩天姿乃非有道之君也眼多視則貪慾口多言則犯難身多動則淫賊心多飾則奢侈未有用此四多而天下成治者也帝默然不平帝乃使使者敕猛獸發聲試聽之使者乃指獸令發一聲獸舐脣良久忽如天雷霹靂之響又作兩目如礔礰之炎光久乃止帝登時顛蹶掩耳振動不能自止侍者及武士皆失仗帝忌之因以此獸付上林苑令虎食之虎見獸皆相聚屈跡如也帝恨使者言不遜欲罪之明日失使者及猛獸所在至始元元年京城大疫死者大半帝取月支神香燒之於城內其死未三日者皆活香氣經三月不歇帝信神香乃祕錄餘香一旦函檢如故而失神香也此香出于聚窟洲人鳥山山上多樹與楓樹相似而香聞數里名爲返魂樹亦能自作聲如羣牛吼聞之者心振神駭伐其木根於玉釜中煮取汁更以微火熟煎之如黑飴狀令可丸名爲驚精香或名振靈丸或名返生香或名振檀香或名却死香一種六名斯實靈物也

泰山老父

按神僊傳泰山老父者莫知姓字漢武帝東巡狩見老翁鉏於道傍頭上白光高數尺怪而問之老人狀如五十許人面有童子之色肌膚光華不與俗同帝問有何道術對曰臣年八十五時衰老垂死頭白齒落遇有道者教臣絕穀但服朮飲水并作神枕枕中有三十二物其三十二物中有二十四物以當二十四氣八毒以應八風臣行之轉老為少黑髮更生齒落復出日行三百里臣今一百八十歲矣帝受其方賜玉帛老父後入岱山中每十年五年時還鄉里三百餘年乃不復還

巫炎

按神僊傳巫炎字子都北海人也漢駙馬都尉武帝出見子都于渭橋其頭上鬱鬱紫氣高丈餘帝召問之君年幾何所得何術而有異氣乎對曰臣年百三十八歲亦無所得帝詔東方朔使相此君有何道術朔對曰此君有陰道之術武帝屏左右而問之子都對曰臣年六十五時苦腰痛腳冷不能自溫口乾舌苦滲涕出百節四肢疼痛又痺不能久立得此道以來七十三年今有子二十六人身體强勇無所疾患氣力乃如壯時帝曰卿不仁有道而不聞於朕非忠臣也子都對曰臣誠知此

道爲眞然陰陽之事宮中之利臣子之所難言又行之者逆人情能爲之者少故不敢以聞帝曰勿謝戲君耳遂受其法子都年二百歲服餌水銀白日昇天武帝頗行其法不能盡用之然得壽最長於先帝也

淮南王安

按漢書本傳淮南王安爲人好書鼓琴不喜弋獵狗馬馳騁亦欲以行陰德拊循百姓流名譽招致賓客方術之士數千人作爲內書二十一篇外書甚衆又有中篇八卷言神仙黃白之術亦二十餘萬言時武帝方好藝文以安屬爲諸父辯博善爲文辭甚尊重之每爲報書及賜常召司馬相如等視草乃遣初安入朝獻所作內篇新出上愛祕之使爲離騷傳旦受詔日食時上又獻頌德及長安都國頌每宴見談說得失及方技賦頌昏莫然後罷安初入朝雅善太尉武安侯武安侯迎之霸上與語曰方今上無太子王親高皇帝孫行仁義天下莫不聞宮車一日晏駕非王尙誰立者淮南王大喜厚遺武安侯寶賂其羣臣賓客江淮閒多輕薄以厲王遷死感激安建元六年彗星見淮南王心怪之或說王曰先吳軍時彗星出長數尺然尙流血千里今彗星竟天天下兵當大起王心以爲

上無太子天下有變諸侯並爭愈益治攻戰具積金錢賂遺郡國游士妄作妖言阿諛王王喜多賜予之王有女陵慧有口王愛陵多予金錢爲中詗長安約結上左右元朔二年上賜淮南王几杖不朝后荼愛幸生子遷爲太子取皇太后外孫修成君女爲太子妃王謀爲反具畏太子妃知而內洩事迺與太子謀令詐不愛三月不同席王陽怒太子閉使與妃同內終不近妃妃求去王迺上書謝歸之后荼太子遷及女陵擅國權奪民田宅妄致繫人太子學用劍自以爲人莫及聞郎中雷被巧召與戲被壹再辭讓誤中太子太子怒被恐此時有欲從軍者輒詣長安被即願奮擊匈奴太子數惡被王使郎中令斥免欲以禁後元朔五年被遂亡之長安上書自明事下廷尉河南治逮淮南太子王王后計欲毋遣太子遂發兵計未定猶豫十餘日會有詔即訊太子淮南相怒壽春丞留太子逮不遣劾不敬王請相相不聽王使人上書告相事下廷尉治從迹連王王使人候司漢公卿請逮捕治王王恐欲發兵太子遷謀曰漢使即逮王王令人衣衛士衣持戟居王旁有非是者即刺殺之臣亦使人刺殺淮南中尉迺舉兵未晚也是時上不許公卿而遣漢中尉宏即訊驗王王視漢中尉顏色和問斥雷被事耳自度無何不發中尉還以聞公卿治者曰淮南王安雍閼求奮擊匈奴者雷被

等格明詔當棄市詔不許請廢勿王上不許請削五縣可二縣使中尉宏赦其罪罰以削地中尉入淮南界宣言赦王王初聞公卿請誅之未知得削地聞漢使來恐其捕之迺與太子謀如前計中尉至卽賀王王以故不發其後自傷曰吾行仁義見削地甚恥之爲反謀益甚諸使者道長安來爲妄言言上無男卽喜言漢廷治有男卽怒以爲妄言非也日夜與左吳等按輿地圖部署兵所從入王曰上無太子宮車卽晏駕大臣必徵膠東王不卽常山王諸侯並爭吾可以無備乎且吾高帝孫親行仁義陛下遇我厚吾能忍之萬世之後吾寧能北面事豎子乎王有孽子不害最長王不愛后太子皆不以爲子兄數不害子建材高有氣常怨望太子不省其父時諸侯皆得分子弟爲侯淮南王有兩子一子爲太子而建父不得爲侯陰結交欲害太子以其父代之太子知之數捕繫笞建建具知太子之欲謀殺漢中尉卽使所善壽春嚴正上書天子曰毒藥苦口利病忠言逆耳利行今淮南王孫建材能高淮南王后荼荼子遷常疾害建建父不害無罪擅數繫欲殺之今建在可徵問具知淮南王陰事書既聞上以其事下廷尉河南治是歲元朔六年也故辟陽侯孫審卿善丞相公孫弘怨淮南厲王殺其大父陰求淮南事而搆之於弘弘迺疑淮南有叛逆計深探其獄河南治建

辭引太子及黨與初王數以舉兵謀問伍被被常諫之以吳楚七國為效王引陳勝吳廣被復言形勢不同必敗亡及建見治王恐國陰事泄欲發復問被被為言發兵權變於是王銳欲發乃令官奴入宮中作皇帝璽丞相御史大夫將軍吏中二千石都官令丞印及旁近郡太守都尉印漢使節法冠欲如伍被計使人為得罪而西事大將軍丞相一日發兵即刺大將軍衛青而說丞相弘下之如發蒙耳欲發國中兵恐相二千石不聽王迺與伍被謀為失火宮中相二千石救火因殺之又欲令人衣求盜衣持羽檄從南方來呼言曰南越兵入欲因以發兵迺使人之廬江會稽為求盜未決廷尉以建辭連太子還聞上遣廷尉監與淮南中尉逮捕太子至淮南王聞與太子謀召相二千石欲殺而發兵召相相至內史以出為解中尉曰臣受詔使不得見王王念獨殺相而內史中尉不來無益也即罷相計猶豫未決太子念所坐者謀殺漢中尉所與謀殺者已死以為口絕乃謂王曰羣臣可用者皆前繫今無足與舉事者王以非時發恐無功臣願會逮王亦愈欲休即許太子太子自刑不殊伍被自詣吏具告與淮南王謀反吏因捕太子王后圍王宮盡捕王賓客在國中者索得反具以聞上下公卿治所連引與淮南王謀反列侯二千石豪傑數千人皆以罪輕重受誅衡山王賜淮

南王弟當坐收有司請逮捕衡山王上曰諸侯各以其國爲本不當相坐與諸侯王列侯議趙王彭祖列侯讓等四十三人皆曰淮南王安大逆無道謀反明白當伏誅膠西王端議曰安廢法度行邪辟有詐僞心以亂天下熒惑百姓背畔宗廟妄作妖言春秋曰臣毋將將而誅安罪重於將謀反形已定臣端所見其書印圖及它逆亡道事驗明白當伏法論國吏二百石以上及比者宗室近幸臣不在法中者不能相教皆當免削爵爲士伍毋得宦爲吏其非吏它贖死金二斤八兩以章安之罪使天下明知臣子之道毋敢復有邪僻背畔之意丞相弘廷尉湯等以聞上使宗正以符節治王未至安自刑殺后太子諸所與謀皆收夷國除爲九江郡

按神仙傳漢淮南王劉安者漢高帝之孫也其父厲王長得罪徙蜀道死文帝哀之而裂其地盡以封長子故安得封淮南王時諸王子貴侈莫不以聲色游獵犬馬爲事唯安獨折節下士篤好儒學兼占候方術養士數千人皆天下俊士作內書二十二篇又中篇八章言神仙黃白之事名爲鴻寶萬畢三章論變化之道凡十萬言天下道書及方術之士不遠千里卑辭重幣請致之於是乃有八公詣門皆鬚眉皓白門吏先密以白王王使閽人自以意難問之曰我王上欲求延年長生不老之道中欲得博物精義入妙之大儒下欲

得勇敢武力扛鼎暴虎橫行之壯士今先生年已耆矣似無駐衰之術又無賁育之氣豈能究於三墳五典八索九丘鈎深致遠窮理盡性乎三者既乏餘不敢通八公笑曰我聞王尊禮賢士吐握不倦苟有一介之善莫不畢至古人貴九九之好養鳴吠之技誠欲市馬骨以致騏驥師郭生以招羣英吾年雖鄙陋不合所求顧遠致其身且欲一見王雖使無益亦豈有損何以年老而逆見嫌耶王必若見年少則謂之有道皓首則謂之庸叟恐非發石採玉探淵索珠之謂也薄吾老今則少矣言未竟八公皆變爲童子年可十四五角髻青絲色如桃花門吏大驚走以白王王聞之足不履跣而迎登思仙之臺張錦帳象牀燒百和之香進金玉之几執弟子之禮北面叩首而言曰安以凡才少好道德羈鏁世務沉淪流俗不能遣累負笈山林然夙夜饑渴思願神明沐浴滓濁精誠淺薄懷情不暢邈若雲漢不期厚幸道君降屈是安祿命當蒙拔擢喜懼屏營不知所措唯願道君哀而教之則螟蛉假翼於鴻鵠可沖天矣八童子乃復爲老人告王曰余雖復淺識備爲先學聞王好士故來相從未審王意有何所欲吾一人能坐致風雨立起雲霧畫地爲江海撮土爲山嶽一人能崩高山塞深泉收束虎豹召致蛟龍使役鬼神一人能分形易貌坐存立亡隱蔽六軍白日爲瞑一人能乘

雲步虛越海淩波出入無間呼吸千里一人能入火不灼入水不濡刃射不中冬凍不寒夏曝不汗一人能千變萬化恣意所爲禽獸草木萬物立成移山駐流行宮易室一人能煎泥成金凝鉛爲銀水鍊八石飛騰流珠乘雲駕龍浮於太清之上在王所欲安乃日夕朝拜供進酒脯各試其向所言千變萬化種種異術無有不效遂授王丹經三十六卷藥成未及服而太子遷好劍自以人莫及也於時郎中雷被召與之戲而被誤中遷遷大怒被怖恐爲遷所殺乃求擊匈奴以贖罪安聞不聽被大懼乃上書於天子云漢法諸侯壅閼不與擊匈奴其罪入死安合當誅武帝素重王不咎但削安二縣耳安怒被被恐死與伍被素爲交親伍被曾以奸私得罪於安安怒之未發二人恐爲安所誅乃共誣告稱安謀反天子使宗正持節治之八公謂安曰可以去矣此乃是天之發遣王王若無此事日復一日未能去世也八公使安登山大祭埋金地中卽白日昇天八公與安所踏山上石皆陷成跡至今人馬跡猶存八公告安曰夫有籍之人被人誣告者其誣人當卽死滅伍被等今當伏誅矣於是宗正以失安所在推問云王僊去矣天子悵然乃諷使廷尉張湯奏伍被云爲畫計乃誅二被九族一如八公之言也漢史祕之不言安得神僊之道恐後世人主當廢萬機而競求於安道乃

言安得罪後自殺非得僊也按左吳記云安臨去欲誅二被八公諫曰不可僊去不欲害行蟲況於人乎安乃止又問八公曰可得將素所交親俱至彼便遣還否公曰何不得爾但不得過五人安以左吳王眷傅生等五人至元洲便遣還吳記具說云安未得上天遇諸僊伯安少習尊貴稀爲卑下之禮坐起不恭語聲高亮或誤稱寡人於是僊伯主者奏安云不敬應斥遣去八公爲之謝過乃見赦謫守都廁三年後爲散僊人不得處職但得不死而已武帝聞左吳等隨王僊去更還乃詔之親問其由吳具以對帝大懊恨乃嘆曰使朕得爲淮南王者視天下如脫屣耳遂遍招募賢士亦冀遇八公不能得而爲公孫卿欒大等所欺意猶不已庶獲其眞者以安仙去分明方知天下實有神仙也時人傳八公安臨去時餘藥器置在中庭雞犬舐啄之盡得昇天故雞鳴天上犬吠雲中也

八公

按錄異記淮南王安好神仙之道海內方士從其游者多矣一旦有八公詣之容狀衰老枯槁傴僂閽者謂之曰王之所好神仙度世長生久視之道必須有異於人王乃禮接今公衰老如此非王所宜見也拒之數四公求見不已閽者對如初八公曰王以我衰老不欲相見卻致年少又何難哉於

是振衣整容立成童幼之狀閽者驚而引進王倒屣而迎之設禮稱弟子曰高仙遠降何以教寡人問其姓氏答曰我等之名所謂文五常武七德枝百英壽千齡葉萬椿鶴九皋修三田岑一峯也各能吹噓風雨震動雷電傾天駭地迴日駐流役使鬼神鞭撻魔魅出入水火移易山川變化之事無所不能也時王之小臣伍被曾有過恐王誅之心不自安詣闕告變證安必反武帝疑之詔大宗正持節淮南以案其事宗正未至八公謂王曰伍被人臣而誣其主天必誅之王可去矣此亦天遣耳王若無此事日復一日人間豈可捨哉乃取鼎煮藥使王服之骨肉近三百餘人同日昇天雞犬舐藥器者亦同飛去八公與王駐馬於山石上但留人馬蹤跡不知所在宗正至以此事奏帝帝大懊恨命誅伍被自此廣招方士亦求度世之藥竟不得其後王母降時授仙經密賜靈方得尸解之道由是茂陵玉箱金杖再出人間抱犢道經見於山洞亦示武帝不死之跡耳

王仲高

按洞仙傳王仲高常在淮南市行卜父老傳云比世見之伍被言於淮南王安安欣然迎之謂安曰黃帝吾父之長子也昔師朱襄君受長生之訣即以傳安

伯山甫

按神仙傳伯山甫者雍州人也入華山中精思服食時時歸鄉里省親如此二百年不老到人家卽數人先世以來善惡功過有如目見又知方來吉凶言無不效其外甥女年老多病乃以藥與之女時年已八十轉還少色如桃花漢武遣使者行河東忽見城西有一女子笞一老翁俛首跪受杖使者怪問之女曰此翁乃妾子也昔吾舅氏伯山甫以神藥教妾妾教子服之不肯今遂衰老行不及妾故杖之使者問女及子年幾答曰妾已一百三十歲兒八十矣後入華山去

車子侯

按洞仙傳車子侯者扶風人也漢武帝愛其清淨稍遷其位至侍中一朝語家云我今補仙官此春應去至夏中當暫還還少時復去如其言武帝思之乃作歌曰嘉幽蘭兮延秀蕈妖婬兮中溏蕐斐斐兮麗景風徘徊兮流芳皇天渺兮無慧至人逝兮僊鄉天路遠兮無期不覺涕下兮沾裳 按漢書作奉車子侯奉車官名也恐傳訛

劉憑

按神仙傳劉憑者沛人也有軍功封壽光金鄉侯學道於稷丘子常服石桂英及中嶽石硫黃年三百餘歲而有少容尤長於禁氣嘗到長安諸賈人聞憑有道乃往拜見之乞得侍從求見祐護憑曰可耳又有百餘人隨憑行并有雜貨約直萬金乃於山中逢賊數百人拔刃張弓四合圍之憑語賊曰汝輩作人當念溫良若不能展才布德居官食祿當勤身苦體夫何有醜面目豺狼其心相教賊道危人利己此是伏尸都市肉餧烏鳶之法汝等弓箭當何所用於是賊射諸客箭皆反著其身須臾之間大風折木飛沙揚塵憑大呼曰小物輩敢爾天兵從頭刺殺先造意者憑言絕而衆兵一時頓地反手背上不能復動張口短氣欲死其中首帥三人即鼻中出血頭裂而死餘者或能語曰乞放餘生改惡為善於是諸客或斫殺者憑禁止之乃責之曰本擬盡殺汝猶復不忍今赦汝猶敢為賊乎皆乞命曰便當易行不敢復爾憑乃敕天兵赦之遂各能奔走去嘗有居人妻病邪魅累年不愈憑乃敕之其家宅傍有泉水水自竭中有一蛟枯死又有古廟廟間有樹樹上常有光人止其下多遇暴死禽鳥不敢巢其枝憑乃敕之盛夏樹便枯死有大蛇長七八丈懸其間而死後不復為患憑有姑子與人爭地俱在太守座姑子少辭而敵家多親助為之言者四五十人憑反覆良久忽然

大怒曰汝輩敢爾應聲有雷電霹靂赤光照耀滿屋於是敵人之黨一時頓地無所復知太守甚怖爲之跪謝曰願君侯少寬威靈當爲理斷終不使差失日移數丈諸人乃能起漢孝武帝聞之詔徵而試之曰殿下有怪輒有數十人絳衣披髮持燭相隨走馬可敕否憑曰此小鬼耳至夜帝僞令人作之憑於殿上以符擲之皆面搶地以火焠口無氣帝大驚曰此非鬼也朕以相試耳乃解之後入太白山中數十年復歸鄉里顏色更少

東方朔

按史記褚先生續滑稽傳武帝時齊人有東方生名朔以好古傳書愛經術多所博觀外家之語朔初入長安至公車上書凡用三千奏牘公車令兩人共持舉其書僅然能勝之人主從上方讀之止輒乙其處讀之二月乃盡詔拜以爲郎常在側侍中數召至前談語人主未嘗不說也時詔賜之飯於前飯已盡懷其餘肉持去衣盡汙數賜縑帛擔揭而去徒用所賜錢帛取少婦於長安中好女率取婦一歲所者卽棄去更取婦所賜錢財盡索之於女子人主左右諸郎半呼之狂人人主聞之曰令朔在事無爲是行者若等安能及之哉朔任其子爲郎又爲侍謁者常持節出使朔行殿中郎謂

之曰人皆以先生爲狂朔曰如朔等所爲避世於朝廷間者也古之人乃避世於深山中時坐席中酒酣據地歌曰陸沈於俗避世金馬門宮殿中可以避世全身何必深山之中蒿廬之下金馬門者宦署門也門傍有銅馬故謂之曰金馬門時會聚宮下博士諸先生與論議共難之曰蘇秦張儀一當萬乘之主而都卿相之位澤及後世今子大夫修先王之術慕聖人之義諷誦詩書百家之言不可勝數著於竹帛自以爲海內無雙卽可謂博聞辯智矣然悉力盡忠以事聖帝曠日持久積數十年官不過侍郎位不過執戟意者尙有遺行邪其故何也東方生曰是固非子之所能備也彼一時也此一時也豈可同哉夫張儀蘇秦之時周室大壞諸侯不朝力政爭權相禽以兵幷爲十二國未有雌雄得士者彊失士者亡故說聽行通身處尊位澤及後世子孫長榮今非然也聖帝在上德流天下諸侯賓服威振四夷連四海之外以爲帶安於覆盂天下平均合爲一家動發舉事猶如運之掌中賢與不肖何以異哉方今以天下之大士民之衆竭精馳說並進輻輳者不可勝數悉力慕義困於衣食或失門戶使張儀蘇秦與僕並生於今之世曾不能得掌故安敢望常侍侍郎乎傳曰天下無害菑雖有聖人無所施其才上下和同雖有賢者無所立功故曰時異則事異雖然安可以不

務修身乎詩曰鼓鐘于宮聲聞于外鶴鳴九皐聲聞于天苟能修身何患不榮太公躬行仁義七十二年逢文王得行其說封於齊七百歲而不絕此士之所以日夜孜孜修學行道不敢止也今世之處士時雖不用崛然獨立塊然獨處上觀許由下察接輿策同范蠡忠合子胥天下和平與義相扶寡偶少徒固其常也子何疑於余哉於是諸先生默然無以應也建章宮後閤重櫟中有物出焉其狀似麋以聞武帝往臨視之問左右羣臣習事通經術者莫能知詔東方朔視之朔曰臣知之願賜美酒粱飯大餐臣臣乃言詔曰可已餐又曰某所有公田魚池蒲葦數頃陛下以賜臣臣朔乃言詔曰可於是朔乃肯言曰所謂騶牙者也遠方當來歸義而騶牙先見其齒前後若一齊等無牙故謂之騶牙其後一歲所匈奴混邪王果將十萬衆來降漢乃復賜東方生錢財甚多至老朔且死時諫曰詩云營營青蠅止于蕃愷悌君子無信讒言讒言罔極交亂四國願陛下遠巧佞退讒言帝曰今顧東方朔多善言怪之居無幾何朔果病死傳曰鳥之將死其鳴也哀人之將死其言也善此之謂也

按漢書本傳東方朔字曼倩平原厭次人也武帝初即位徵天下舉方正賢良文學材力之士待以不次之位四方士多上書言得失自衒鬻者以千數其不足采者輒報聞罷朔來上書曰臣

朔少失父母長養兄嫂年十二學書三冬文史足用十五學擊劍十六學詩書誦二十二萬言十九學孫吳兵法戰陣之具鉦鼓之教亦誦二十二萬言凡臣朔固已誦四十四萬言又常服子路之言臣朔年二十二長九尺三寸目若懸珠齒若編貝勇若孟賁捷若慶忌廉若鮑叔信若尾生若此可以為天子大臣矣臣朔昧死再拜以聞朔文辭不遜高自稱譽上偉之令待詔公車奉祿薄未得省見久之朔紿騶朱儒曰上以若曹無益於縣官耕田力作固不及人臨眾處官不能治民從軍擊虜不任兵事無益于國用徒索衣食今欲盡殺若曹朱儒大恐啼泣朔教曰上卽過叩頭請罪居有頃聞上過朱儒皆號泣頓首上問何為對曰東方朔言上欲盡誅臣等上知朔多端召問朔何恐朱儒為對曰臣朔生亦言死亦言朱儒長三尺餘奉一囊粟錢二百四十臣朔長九尺餘亦奉一囊粟錢二百四十朱儒飽欲死臣朔饑欲死臣言可用幸異其禮不可用罷之無令但索長安米上大笑因使待詔金馬門稍得親近上嘗使諸數家射覆置守宮盂下射之皆不能中朔自贊曰臣嘗受易請射之迺列蓍布卦而對曰臣以為龍又無角謂之為蛇又有足跂跂脈脈善緣壁是非守宮卽蜥蜴上曰善賜帛十匹復使射他物連中輒賜帛時有幸倡郭舍人滑稽不窮常侍左右曰朔狂幸中耳

非至數也臣願令朔復射朔中之臣榜百朔不能中臣賜帛酒覆樹上寄生令朔射之朔曰是寠藪也舍人曰果知朔不能中也朔曰生肉爲膾乾肉爲脯著樹爲寄生盆下爲寠藪上令倡監榜舍人舍人不勝痛呼謈朔笑之曰咄口無毛聲謷謷尻益高舍人恚曰朔擅詆欺天子從官當棄市上問朔何故詆之對曰臣非敢詆之迺與爲隱耳上曰隱云何朔曰夫口無毛者狗竇也聲謷謷者鳥哺鷇也尻益高者鶴俛啄也舍人不服因曰臣願復問朔隱語不知亦當榜卽妄爲諧語曰令壺齟老柏塗伊優亞狋吽牙何謂也朔曰令者命也壺者所以盛也齟者齒不正也老者人所敬也柏者鬼之廷也塗者漸洳徑也伊優亞者辭未定也狋吽牙者兩犬爭也舍人所問朔應聲輒對變詐鋒出莫能窮者左右大驚上以朔爲常侍郎遂得愛幸久之伏日詔賜從官肉大官丞日晏不來朔獨拔劍割肉謂其同官曰伏日當蚤歸請受賜卽懷肉去大官奏之朔入上曰昨賜肉不待詔以劍割肉而去之何也朔免冠謝上曰先生起自責也朔再拜曰朔來朔來受賜不待詔何無禮也拔劍割肉壹何壯也割之不多又何廉也歸遺細君又何仁也上笑曰使先生自責迺反自譽復賜酒一石肉百斤歸遺細君初建元三年微行始出北至池陽西至黃山南獵長楊東游宜春微行常用飲酎已

八九月中與侍中常侍武騎及待詔隴西北地良家子能騎射者期諸殿門故有期門之號自此始微行以夜漏下十刻迺出常稱平陽侯旦明入山下馳射鹿豕狐兎手格熊羆馳騖禾稼稻秔之地民皆號呼罵詈相聚會自言鄠杜令令往欲謁平陽侯諸騎欲擊鞭之令大怒使吏呵止獵者數騎見留迺示以乘輿物久之乃得去時夜出夕還後齎五日糧會朝長信宮上大讙樂之是後南山下乃知微行數出也然尚迫於太后未敢遠出丞相御史知指乃使右輔都尉徼循長楊以東右內史發小民共待會所後迺私置更衣從宣曲以南十二所中休更衣投宿諸宮長楊五柞倍陽宣曲尤幸於是上以爲道遠勞苦又爲百姓所患迺使太中大夫吾丘壽王與待詔能用算者二人舉籍阿城以南盩厔以東宜春以西提封頃畝及其賈直欲除以爲上林苑屬之南山又詔中尉左右內史表屬縣草田欲以償鄠杜之民吾丘壽王奏事上大悅稱善時朔在傍進諫曰臣聞謙遜靜慤天表之應應之以福驕溢靡麗天表之應應之以異今陛下累郎臺恐其不高也弋獵之處恐其不廣也如天不爲變則三輔之地盡可以爲苑何必盩厔鄠杜乎奢侈越制天爲之變上林雖小臣尚以爲大也夫南山天下之阻也南有江淮北有河渭其地從汧隴以東商雒以西厥壤肥饒漢興去三河

之地北霸産以西都涇渭之南此所謂天下陸海之地秦之所以虜西戎兼山東者也其山出玉石金銀銅鐵豫章檀柘異類之物不可勝原此百工所取給萬民所仰足也又有秔稻梨栗桑麻竹箭之饒土宜薑芋水多䵷魚貧者得以人給家足無饑寒之憂故酆鎬之間號爲土膏其賈畝一金今規以爲苑絶陂池水澤之利而取民膏腴之地上乏國家之用下奪農桑之業棄成功就敗事損耗五穀是其不可一也且盛荊棘之林而長養麋鹿廣狐兎之苑大虎狼之虛又壞人塚墓發人室廬令幼弱懷土而思耆老泣涕而悲是其不可二也斥而營之垣而囿之騎馳東西車騖南北又有深溝大渠夫一日之樂不足以危無隄之輿是其不可三也故務苑囿之大不恤農時非所以强國富人也夫殷作九市之宮而諸侯畔靈王起章華之臺而楚民散秦興阿房之殿而天下亂糞土愚臣忘生觸死逆盛意犯隆旨罪當萬死不勝大願願陳泰階六符以觀天變不可不省是日因奏泰階之事上迺拜朔爲太中大夫給事中賜黃金百斤然遂起上林苑如壽王所奏云久之隆慮公主子昭平君尙帝女夷安公主隆慮主病因以金千斤錢千萬爲昭平君豫贖死罪上許之隆慮主卒昭平君日驕醉殺主傅獄繫內官以公主子廷尉上請論左右人人爲言前又入贖陛下許之上曰

吾弟老有是一子死以屬我於是爲之垂涕歎息良久曰法令者先帝所造也用弟故而誣先帝之法吾何面目入高廟乎又下負萬民迺可其奏哀不能自止左右盡悲朔前上壽曰臣聞聖王爲政賞不避仇讎誅不擇骨肉書曰不偏不黨王道蕩蕩此二者五帝所重三王所難也陛下行之是以四海之內元元之民各得其所天下幸甚臣朔奉觴昧死再拜上萬歲壽上迺起入省中夕時召讓朔曰傳曰時然後言人不厭其言今先生上壽時乎朔免冠頓首曰臣聞樂太甚則陽溢哀太甚則陰損陰陽變則心氣動心氣動則精神散精神散而邪氣及銷憂者莫若酒臣朔所以上壽者明陛下正而不阿因以止哀也愚不知忌諱當死先是朔嘗醉入殿中小遺殿上劾不敬有詔免爲庶人待詔宦者署因此對復爲中郎賜帛百匹初帝姑館陶公主號竇太主堂邑侯陳午尚之午死主寡居年五十餘矣近幸董偃始偃與母以賣珠爲事偃年十三隨母出入主家左右言其姣好主召見曰吾爲母養之因留第中教書計相馬御射頗讀傳記至年十八而冠出則執轡入則侍內爲人溫柔愛人以主故諸公接之名稱城中號曰董君主因推令散財交士令中府曰董君所發一日金滿百斤錢滿百萬帛滿千匹乃白之安陵爰叔者爰盎兄子也與偃善謂偃曰足下私侍漢主挾不測

之罪將欲安處乎偃懼曰憂之久矣不知所以爰叔曰顧城廟遠無宿宮又有萩竹籍田足下何不白主獻長門園此上所欲也如是上知計出於足下也則安枕而臥長無慘怛之憂久之不然上且請之於足下何如偃頓首曰敬奉教入言之主主立奏書獻之上大悅更名竇太主園為長門宮主大喜使偃以黃金百斤為爰叔壽叔因是為董君畫求見上之策令主稱疾不朝上往臨疾問所欲主辭謝曰妾幸蒙陛下厚恩先帝遺德奉朝請之禮備臣妾之儀列為公主賞賜邑入隆天重地死無以塞責一日卒有不勝洒掃之職先狗馬塡溝壑竊有所恨不勝大願願陛下時忘萬事養精游神從中掖庭回輿枉路臨妾山林得獻觴上壽娛樂左右如是而死何恨之有上曰主何憂幸得愈恐羣臣從官多大為主費上還有頃主疾愈起謁上以錢千萬從主飲後數日上臨山林主自執宰敝膝道入登階就坐坐未定上曰願謁主人翁主迺下殿去簪珥徒跣頓首謝曰妾無狀負陛下身當伏誅陛下不致之法頓首死罪有詔謝主簪履起之東箱自引董君董君綠幘傅韝隨主前伏殿下主迺贊館陶公主胞人臣偃昧死再拜謁因叩頭謝上為之起有詔賜衣冠上偃起走就衣冠主自奉食進觴當是時董君見尊不名稱為主人翁飲大驩樂主迺請賜將軍列侯從官金錢雜繒各

有數於是董君貴寵天下莫不聞郡國狗馬蹴鞠劍客輻輳董氏常從游戲北宮馳逐平樂觀雞鞠之會角狗馬之足上大歡樂之於是上為竇太主置酒宣室使謁者引內董君是時朔陛戟殿下辟戟而前曰董偃有斬罪三安得入乎上曰何謂也朔曰偃以人臣私侍公主其罪一也敗男女之化而亂婚姻之禮傷王制其罪二也陛下富於春秋方積思於六經留神於王事馳騖於唐虞折節於三代偃不遵經勸學反以靡麗為右奢侈為務盡狗馬之樂極耳目之欲行邪枉之道徑淫辟之路是乃國家之大賊人主之大蜮也偃為淫首其罪三也昔伯姬燔而諸侯憚奈何乎陛下上默然不應良久曰吾業以設飲後而自改朔曰不可夫宣室者先帝之正處也非法度之政不得入焉故淫亂之漸其變為篡是以豎貂為淫而易牙作患慶父死而魯國全管蔡誅而周室安上曰善有詔止更置酒北宮引董君從東司馬門東司馬門更名東交門賜朔黃金三十斤董君之寵由是日衰至年三十而終後數歲竇太主卒與董君會葬於霸陵是後公主貴人多踰禮制自董偃始時天下侈靡趨末百姓多離農畝上從容問朔曰吾欲化民豈有道乎朔對曰堯舜禹湯文武成康上古之事經歷數千載尚難言也臣不敢陳願近述孝文皇帝之時當世耆老皆聞見之貴為天子富有四海

身衣弋綈足履革舄以韋帶劍莞蒲為席兵木無刃衣縕無文集上書囊以為殿帷以道德為麗以仁義為準於是天下望風成俗昭然化之今陛下以城中為小圖起建章左鳳闕右神明號稱千門萬戶木土衣綺繡狗馬被繢罽宮人簪瑇瑁垂珠璣設戲車教馳逐飾文采叢珍怪撞萬石之鐘擊雷霆之鼓作俳優舞鄭女上為淫侈如此而欲使民獨不奢侈失農事之難者也陛下誠能用臣朔之計推甲乙之帳燔之於四通之衢却走馬示不復用則堯舜之隆宜可與比治矣易曰正其本萬事理失之毫氂差以千里願陛下留意察之朔雖詼笑然時觀察顏色直言切諫上常用之自公卿在位朔皆敖弄無所為屈上以朔口諧辭給好作難問之嘗問朔曰先生視朕何如主也對曰自唐虞之隆成康之際未足以諭當世臣伏觀陛下功德陳五帝之上三王之右非若此而已誠得天下賢士公卿在位咸得其人矣譬若以周召為丞相孔丘為御史大夫太公為將軍畢公拾遺於後弁嚴子為衛尉皐陶為大理后稷為司農伊尹為少府子贛使外國顏閔為博士子夏為太常益為右扶風季路為執金吾契為鴻臚龍逢為宗正伯夷為京兆管仲為馮翊魯般為將作仲山甫為光祿申伯為太僕延陵季子為水衡百里奚為典屬國柳下惠為大長秋史魚為司直蘧伯玉為太傅孔

父爲膺事孫叔敖爲諸侯相子產爲郡守王慶忌爲期門夏育爲鼎官羿爲旄頭宋萬爲式道侯上酒大笑是時朝廷多賢材上復問朔方今公孫丞相兒大夫董仲舒夏侯始昌司馬相如吾丘壽王主父偃朱買臣嚴助汲黯膠倉終軍嚴安徐樂司馬遷之倫皆辯知閎達溢於文辭先生自視何與比哉朔對曰臣觀其頰齒牙樹頰胲吐脣吻擢項頤結股腳連脽尻遺蛇其迹行步偊旅臣朔雖不肖尚兼此數子者朔之進對澹辭皆此類也武帝既招英俊程其器能用之如不及時方外事胡越內興制度國家多事自公孫弘以下至司馬遷皆奉使方外或爲郡國守相至公卿而朔嘗至太中大夫後常爲郎與枚皋郭舍人俱在左右詼啁而已久之朔上書陳農戰強國之計因自訟獨不得大官欲求試用其言專商鞅韓非之語也指意放蕩頗復詼諧辭數萬言終不見用朔因著論設客難己用位卑以自慰諭其辭曰客難東方朔曰蘇秦張儀一當萬乘之主而都卿相之位澤及後世今子大夫修先王之術慕聖人之義諷誦詩書百家之言不可勝數著於竹帛脣腐齒落服膺而不釋好學樂道之效明白甚矣自以智能海內無雙則可謂博聞辯智矣然悉力盡忠以事聖帝曠日持久官不過侍郎位不過執戟意者尚有遺行邪同胞之徒無所容居其故何也東方先生喟然長

息仰而應之曰是固非子之所能備也彼一時也此一時也豈可同哉夫蘇秦張儀之時周室大壞諸侯不朝力政爭權相禽以兵并爲十二國未有雌雄得士者強失士者亡故談說行焉身處尊位珍寶充內外有廩倉澤及後世子孫長享今則不然聖帝流德天下震懾諸侯賓服連四海之外以爲帶安於覆盂動猶運之掌賢不肖何以異哉尊天之道順地之理物無不得其所故綏之則安動之則苦尊之則爲將卑之則爲虜抗之則在青雲之上抑之則在深泉之下用之則爲虎不用則爲鼠雖欲盡節効情安知前後夫天地之大士民之衆竭精談說並進輻輳者不可勝數悉力募之困於衣食或失門戶使蘇秦張儀與僕並生於今之世曾不得掌故安敢望常侍郎乎故曰時異事異雖然安可以不務修身乎哉詩云鼓鐘于宮聲聞于外鶴鳴于九皐聲聞于天苟能修身何患不榮太公體行仁義七十有二迺設用於文武得信厥說封於齊七百歲而不絕此士所以日夜孳孳敏行而不敢怠也辟若鶺鴒飛且鳴矣傳曰天不爲人之惡寒而輟其冬地不爲人之惡險而輟其廣君子不爲小人之匈匈而易其行天有常度地有常形君子有常行君子道其常小人計其功詩云禮義之不愆何恤人之言故曰水至清則無魚人至察則無徒冕而前旒所以蔽明黈纊充耳所以

塞聰明有所不見聽有所不聞舉大德赦小過無求備於一人之義也枉而直之使自得之優而柔之使自求之揆而度之使自索之蓋聖人教化如此欲自得之自得之則敏且廣矣今世之處士魁然無徒廓然獨居上觀許由下察接輿計同范蠡忠合子胥天下和平與義相扶寡耦少徒固其宜也子何疑於我哉若夫燕之用樂毅秦之任李斯酈食其下齊說行如流曲從如環所欲必得功若丘山海內定國家安是遇其時也子又何怪之邪語曰以筦闚天以蠡測海以莛撞鐘豈能通其條貫考其文理發其音聲哉繇是觀之譬猶鼱鼩之襲狗孤豚之咋虎至則靡耳何功之有今以下愚而非處士雖欲勿困固不得已此適足以明其不知權變而終惑於大道也又設非有先生之論其辭曰非有先生仕於吳進不稱往古以厲主意退不能揚君美以顯其功默默無言者三年矣吳王怪而問之曰寡人獲先人之功寄於衆賢之上夙興夜寐未嘗敢怠也今先生率然高舉遠集吳地將以輔治寡人誠竊嘉之體不安席食不甘味目不視靡曼之色耳不聽鐘鼓之音虛心定志欲聞流議者三年於茲矣今先生進無以輔治退不揚主譽竊不爲先生取之也蓋懷能而不見是不忠也見而不行主不明也意者寡人殆不明乎非有先生伏而唯唯吳王曰可以談矣寡人將竦意而

覽爲先生曰於戲可乎哉可乎哉談何容易夫談有悖於目拂於耳謬於心而便於身者或有說於目順於耳快於心而毀於行者非有明王聖主孰能聽之吳王曰何爲其然也中人以上可以語上也先生試言寡人將聽焉先生對曰昔者關龍逢深諫於桀而王子比干直言於紂此二臣者皆極慮盡忠閔王澤不下流而萬民騷動故直言其失切諫其邪者將以爲君之榮除主之禍也今則不然反以爲誹謗君之行無人臣之禮果紛然傷於身蒙不辜之名戮及先人爲天下笑故曰談何容易是以輔弼之臣瓦解而邪諂之人並進遂及蜚廉惡來革等二人皆詐僞巧言利口以進其身陰奉琱琢刻鏤之好以納其心務快耳目之欲以苟容爲度遂往不戒身沒被戮宗廟崩阤國家爲虛放戮賢聖親近讒夫詩不云乎讒人罔極交亂四國此之謂也故卑身賤體說色微辭愉愉呴呴終無益於主上之治則志士仁人不忍爲也將儼然作矜嚴之色深言直諫上以拂主之邪下以損百姓之害則忤於邪主之心歷於衰世之法故養壽命之士莫肯進也遂居家山之間積土爲室編蓬爲戶彈琴其中以詠先王之風亦可以樂而忘死矣是以伯夷叔齊避周餓於首陽之下後世稱其仁如是邪主之行固足畏也故曰談何容易於是吳王懼然易容捐薦去几危坐而聽先生曰接輿

避世箕子被髮陽狂此二人者皆避濁世以全其身者也使遇明王聖主得清燕之閒寬和之色發憤畢誠圖畫安危揆度得失上以安主體下以便萬民則五帝三王之道可幾而見也故伊尹蒙恥辱負鼎俎和五味以干湯太公釣於渭之陽以見文王心合意同謀無不成計無不從誠得其君也深念遠慮引義以正其身推恩以廣其下本仁祖義褒有德祿賢能誅惡亂總遠方一統類美風俗此帝王所由昌也上不變天性下不奪人倫則天地和洽遠方懷之故號聖王臣子之職既加矣於是裂地定封爵爲公侯傳國子孫名顯後世民到於今稱之以遇湯與文王也太公伊尹以如此龍逢比干獨如彼豈不哀哉故曰談何容易於是吳王穆然俛而深惟仰而泣下交頤曰嗟乎余國之不亡也綿綿連連殆哉世之不絕也於是正明堂之朝齊君臣之位舉賢材布德惠施仁義賞有功躬節儉減後宮之費損車馬之用放鄭聲遠佞人省庖廚去侈靡卑宮館壞苑囿填池塹以予貧民無產業者開內藏振貧窮存耆老卹孤獨薄賦斂省刑辟行此三年海內晏然天下大洽陰陽和調萬物咸得其宜國無災害之變民無飢寒之色家給人足畜積有餘囹圄空虛鳳凰來集麒麟在郊甘露既降朱草萌芽遠方異俗之人嚮風慕義各奉其職而來朝賀故治亂之道存亡之端若此易

見而君人者莫肯爲也臣愚竊以爲過故詩云王國克生惟周之楨濟濟多士文王以寧此之謂也朔之文辭此二篇最善其餘有封泰山責和氏璧及皇太子生禖屏風殿上柏柱平樂觀賦獵八言七言上下從公孫弘借車凡劉向所錄朔書具是矣世所傳他事皆非也　贊曰劉向言少時數問長老賢人通於事及朔時者皆曰朔口諧倡辯不能持論喜爲庸人誦說故令後世多傳聞者而揚雄亦以爲朔言不純師行不純德其流風遺書蔑如也然朔名過實者以其詼達多端不名一行應諧似優不窮似智正諫似直穢德似隱非夷齊而是柳下惠戒其子以上容首陽爲拙柱下爲工飽食安步以仕易農依隱玩世詭時不逢其滑稽之雄乎朔之詼諧逢占射覆其事浮淺行於衆庶童兒牧豎莫不眩燿而後世好事者因取奇言怪語附著之朔故詳錄焉　按洞冥記東方朔字曼倩父張夷字少平母田氏女夷年二百歲顏如童子朔生三日而田氏死時景帝三年也鄰母拾而養之三歲天下祕識一覽闇誦於口居常指撝天下空中獨語鄰母忽失朔累月方歸母笞之後復去經年方歸母忽見大驚曰汝行經年一歸何以慰我耶朔曰兒至紫泥海有紫水汙衣仍過虞淵湔浣朔發中返何云經年乎母問之汝悉是何處行朔曰兒湔衣竟暫息都崇室王公飴之以丹霞

㺜兒食之天飽悶幾死乃飲元天黃露半合卽醒旣而還路過一蒼虎息於路傍兒騎虎還打捶過痛虎嚙兒腳傷母悲嗟乃裂青布裳裹之朔復去家萬里見一枯樹脫布挂於樹布化爲龍因名其地爲布龍澤朔以元封中遊鴻濛之澤忽見王母采桑於白海之濱俄有黃翁指阿母以告朔曰昔爲吾妻託形爲太白之精今汝亦此星精也吾卻食吞氣九千餘歲目中瞳子色皆青光能見幽隱之物三千歲一反骨洗髓二千歲一刻骨伐毛自吾生已三洗髓五伐毛矣　建元二年帝起騰光臺以望四遠於臺上撞碧玉之鐘掛懸黎之磬吹霜條之篪唱來雲依日之曲朔再拜於帝前曰臣東遊萬林之野獲九色鳳雛滂源丹瀨之水赤色西過洞壑得滄淵虬子靜海遊珠洞壑在虞淵西虬泉池在五柞宮北中有追雲舟起風舟侍仙舟含煙舟或以沙棠爲柂檝或以木蘭文柘爲櫂棹又起五層臺於月下　元鼎五年帝寢靈莊殿召東方朔於青綺牕不隔綈紈重幕問朔曰漢承庚運火德以何精瑞爲祥應朔跪而對曰臣常過吳明之墟是長安東過扶桑七萬里有及雲山山頂有井雲起井中若土德王黃雲出火德王赤雲出水德王黑雲出金德王白雲出木德王青雲出此皆應瑞德也帝曰善　元封中起方山像招諸靈異召東方朔言其祕奧乃燒天下異香有沉光香

精祇香明庭香金磾香遂魂香外國所貢青檀之燈青檀木有膏如淳漆削置器中以蠟和之塗布燃照數里　吠勒國貢文犀四頭狀如水兕角表有光因名明犀置暗中有光影亦曰影犀織以為簟如錦綺之文此國去長安九千里在日南人長七尺被髮至踵乘犀象之車乘象入海底取寶宿於鮫人之舍得淚珠則鮫所泣之珠也亦曰泣珠甜水去虞淵八十里有甜溪水味如蜜東方朔遊此水得數斛以獻帝投水於井井水常甜而寒洗沐則肌理柔滑　太初二年東方朔從西那汗國歸得聲風木十枝獻帝長九尺大如指此木臨因桓之水則禹貢所謂因桓是也其源出甜波樹上有紫燕黃鵠集其間實如油麻風吹枝如玉聲因以為名帝以枝遍賜群臣臣有凶者枝則汗臣有死者枝則折昔老聃在於周世年七百歲枝竟未汗偓佺生於堯時年三千歲枝竟未一折帝乃以枝問朔朔曰臣已見此枝三過枯死而復生豈汗折而已哉里語曰年未半枝不汗此木五千年一汗萬歲一枯　太初四年東方朔從支提國來國人長三丈二尺三手三足各三指多力善走國內小山能移之有澗泉飲能蟲結海苔為衣其戲笑取犀象相投擲為樂　東方朔遊結雲之地得神馬一匹高九尺帝問朔是何獸也朔曰昔西王母乘靈光輦以適東王公之舍稅此馬遊於芝田乃

食芝田之草東王公怒棄馬於清津天岸臣至王公之壇因騎馬返繞日三匝然後入漢關關猶未掩臣於馬上睡不覺而至帝曰其名云何對曰因疾爲名步景朔當乘之時如駑蹇之驢耳　東方朔曰臣有吉雲草十種種於九景山東二千歲一花明年應生臣逩請刈之得以秣馬馬終不饑也臣至東極過吉雲之澤多生此草移於九景之山全不如吉雲之地帝曰何爲吉雲朔曰其國俗之雲氣占吉凶若樂事則滿室雲起五色照人著於草樹皆成五色露珠甚甘帝曰吉雲露可得乎朔乃東走至夕而返得元露青露盛青琉璃乃各受五合跪以獻帝遍賜羣臣羣臣得嘗者老者皆少疾者皆愈凡五官嘗露董謁李克孟岐郭瓊黃安也　帝常見彗星東方朔折指星之木以授帝帝以木指彗星星辟則沒也星出之夜野獸皆鳴別說謂之獸鳴星　有龍肝瓜長一尺花紅葉素生於冰谷所謂冰谷素葉之瓜仙人瑕丘仲採藥得此瓜食之千歲不渴瓜上恒如霜雪刮嘗如蜜滓及帝封泰山從者皆賜冰谷素葉之瓜帝解鳴鴻之刀以賜朔刀長三尺朔曰此刀黃帝采首山之銅鑄之雄已飛去雌者猶存帝臨崩舉刀以示朔恐人得此刀欲銷之刀從手中化爲鵲赤色飛去雲中　西域獻火龍高七尺映日看之光如炬火有童子遥見有黃鵠白首鼓翅帝前即東方朔著

青綾單衣頭已斑白漢朝皆異其神化而不測其年矣 武帝末年彌好仙術與東方朔狎暱帝曰朕所好甚者不老其可得乎朔曰臣能使少者不老帝曰服何藥耶朔曰東北有地日之草西南有春生之魚帝曰何以知之朔曰三足烏數下地食此草羲和欲馭以手掩烏目不聽下也蓋鳥獸食此草則美悶不能動矣帝曰子何以知乎朔曰臣小時掘井陷落地下數十年無所託寄有人引臣欲往此草中隔紅泉不得渡其人以一隻屐與臣臣泛紅泉得至此草處臣采而食之其國人皆織珠玉為業邀臣入雲端之幕設元珉雕枕刻黑玉鏤為日月雲雷之狀亦曰鏤雲枕又薦蛟毫之白褥以蛟毫織為褥也此毫柔而冷常以夏日舒之因名柔毫褥又有水藻之屏臣舉手拭之恐水流濕其席乃其光也 元封三年數過國獻能言龜一頭長一尺二寸盛以青玉匣廣一尺九寸匣上豁一孔以通氣東方朔曰唯承桂露以飲之置於通風之臺上欲往卜命朔而問焉言無不中唯有一女人愛悅於帝名曰巨靈帝傍有青珉唾壺巨靈乍出入其中或戲笑帝前東方朔望見巨靈乃目之巨靈因而飛去化成青雀帝乃起青雀臺時見青雀來則不見巨靈也天漢二年帝昇蒼龍閣思僊術召諸方士言遠國遐方之事唯東方朔下席操筆跪而進帝曰大夫為朕言乎朔曰臣

遊北極至種火之山日月所不照有青龍銜燭火以照山之四極亦有園圃池苑皆植異木異草有明莖草夜如金燈折枝為炬照見鬼物之形仙人甯封常服此草於夜暝時轉見腹光通外亦名洞冥草帝令剉此草為泥以塗雲明之館夜坐此館不加燈燭亦名照魅草以藉足履水不沉

按漢武帝內傳東方朔一旦乘龍飛去同時衆人見從西北上冉冉仰望良久大霧覆之不知所適

按獨異志張少平妻田氏少平卒後累年寡居忽夢一人自天而下壓其腹因而懷孕乃曰無夫而孕人聞棄我也徙於代依東方五月朔旦生一子以其居代東方名之東方朔或言歲星精多能無不該博　按風俗通俗言東方朔太白星精黃帝時為風后堯時為務成子周時為老聃在越為范蠡在齊為鴟夷子皮言其神聖能興王霸之業變化無常謹按漢書東方朔平原人也孝武皇帝時招延賢良文學之士待以不次之位故四方多上書言得失自衒鬻者於是朔詣闕自陳十二失父長養兄嫂年十三學書十四擊劍十六誦詩十九習孫吳兵法又常服子路之言臣朔年二十三長九尺三寸目若懸珠齒若編貝勇若孟賁捷若慶忌廉若鮑叔信若尾生若此可以為天子大臣矣朔文辭不遜高自稱譽由是見偉稍益親幸官至太中大夫倡優畜之不豫國政劉向少時數問

長老賢通於事及朔時人皆云朔口諧倡辯不能持論喜爲凡庸誦說故令後世多傳聞者而揚雄亦以爲朔言不純師行不純德其流風遺書蔑如也然朔所以名過其實以其怪誕多端不名一行應諧似優不窮似智正諫似直穢德似隱非夷齊是柳下惠其滑稽之雄乎朔之逢占射覆其事淺浮行於衆庶兒牧豎莫不眩燿而後之好事者因取奇言怪語附著之耳安在能神聖歷世爲輔佐哉

卷終